1863 1975
1214 1226 1958 1945 1851
37 1969 2002 1270
1453 1559
1356 1894 1918 1968
380 1751 1918
1356 1995 1468
15 1939 1958 1670 1939 1661
1937 1624 1934 1715 1360 1885 1360
1889 2002
1519 1968
1957 1940 1811 1302 1914 1937
1415 1659
1624
1532 1830 1670 1944
35
1863 1871 1848
1851
1895

Une Édition du Club France Loisirs, Paris,
avec l'autorisation des Éditions Flammarion
Éditions France Loisirs,
123, boulevard de Grenelle, Paris
www.franceloisirs.com

N° d'éditeur : 45664
ISBN : 2.7441.9478.6
Dépôt légal : Septembre 2006

Dépôt légal : octobre 2005
Imprimé en France par pollina s.a., 85407 Luçon - L40335A
Loi n° 40-956 du 16 juillet 1949 sur les publications destinées à la jeunesse.

Antoine Auger • Dimitri Casali

100 dates

de l'Histoire de France

Illustrations de

Raphaël Gauthey • Olivier Nadel

ÉDITIONS FRANCE LOISIRS

498 2002 1871 1957 1360 1661 1939 1380 1643 1532 1958
1685 1337 1934 1648
1643 1942 1880 1792 1805 1270
1709 1624 1942 1532 1648 1360 1598
1661 1337 1559 1954
1975 1940
1661 1968 1661 1572 1945 1209 1610 1643
1885
1772
1226

Sommaire

1624

1962 2002 1792 1302 1163 1270 1945 1968 1793 1942 2002 1572 1429
29 1302 1958 1945 1934 1209 1257 1968 1981 1659 1954 1610 1944
1871 1962 1870 1940 1799 1969 1763 1659 1152
2002 1830 1348 1356 1415 1954 1226 1532 1975 1969
670 1624 1957 1881 1572

498 2002 1871 1957 1360 1337 1934 1939 1380 1643 1532 1958
1643 1685 1661 1792 1648 1682 1805 1270
1709 1624 1942 1532 1648 1360 1598
1661 1337 1559 1975 1954 1940
1661 1968 1661 1572 1945 1209 1610 1429 164
1772 1356 1885 1799 1226 1624

498 2002 1871 1957 1360 1934 1337 1939 1380 1643 1532 1958

1643 1685 1661 1682 1792 1648 1805 1270

1709 1624 1942 1532 1954 1648 1360 1598

1661 1337 1559 1975 1881 1940 141

1661 1968 1661 1572 1945 1356 1429 1209 1572 1610 1257 164

1772 1969 1954 1885 1226 1799 1152 1624 162

1226 1957 1969

Introduction

Quelles sont les dates incontournables de l'Histoire de France ? Quels ont été les malheurs, les triomphes, les progrès, les hommes et les femmes qui ont fait la France ? Comment ne pas rêver devant des aventures et des événements extraordinaires qui, ajoutés les uns aux autres, constituent le grand récit de l'Histoire de France.

À travers ces 100 dates, vous assisterez à la lente construction d'une nation, la nôtre. Vous découvrirez le long fil de l'histoire de la France que nous n'avons pas négligé d'inscrire dans le contexte européen et international. Chaque événement est présenté, décrit et étudié dans son déroulement et ses conséquences. Il est richement illustré par des reconstitutions, des cartes et des photographies qui rendent le récit captivant.
En bas de chaque page, une frise chronologique permet à tous de se repérer dans le temps. Les lecteurs peuvent approfondir les sujets en consultant les sites Internet officiels proposés (institutions, musées, sites, communes…), correspondants aux thèmes traités. Ces événements ont en effet laissé des traces, des vestiges, une mémoire s'inscrivant dans notre patrimoine culturel et dans notre paysage national ou régional.

Nous avons sélectionné des dates de natures différentes – batailles, traités de paix, œuvres artistiques ou littéraires, découvertes scientifiques, couronnements, lois, catastrophes naturelles, épidémies, etc. – et tenté de réhabiliter des événements peu connus, pourtant fondamentaux comme ceux de 68, 1152, 1539 ou encore 1862 (date de la parution des *Misérables* de Victor Hugo) qui participent activement à la construction de l'identité collective française. Nous avons aussi pris en compte des périodes, certains faits déterminants se comprenant mieux dans la longue durée historique (par exemple, le règne de Louis XIV).

La connaissance des dates essentielles n'est pas une énumération indifférente. Elle permet notamment une bonne hiérarchisation des connaissances. La succession des temps est le socle sur lequel est conçu tout enseignement historique. Les dates deviennent ainsi les points d'ancrage indispensables permettant à tous de se situer dans le temps et dans l'Histoire.

Antoine Auger et Dimitri Casali

Vers 15000 av. J.-C.

La grotte de Lascaux occupée par les Cro-Magnon

LE CONTEXTE : Les premiers artistes de l'humanité ?

Statuettes, parures, gravures, peintures… Les premiers hommes modernes, les Cro-Magnon, ont laissé de nombreuses œuvres d'art en tout genre. Ces chasseurs-cueilleurs sont même probablement les premiers artistes de l'humanité ! Il y a 32 000 ans, ils ont réalisé sur les murs de la grotte Chauvet, dans le sud de la France, des peintures et des gravures représentant des animaux.

UNE PÉRIODE CLÉ

Grâce à l'art, l'homme de Cro-Magnon dispose d'un nouveau moyen d'expression. Il ne représente pas seulement la réalité, il crée des mythes et des légendes qui dureront des millénaires.

L'ÉVÉNEMENT : Le bestiaire de Lascaux

Il y a 17 000 ans, des Cro-Magnon s'établissent dans la grotte de Lascaux, située dans le sud-ouest de la France. Ils sont sans doute à la recherche de gibier, de plantes et de fruits à ramasser. La plupart du temps, ils vivent à l'entrée de la caverne. Mais, parfois, ils se réunissent dans les galeries profondes pour peindre sur les plafonds et les murs des scènes de chasse.

En guise de pinceaux, ils utilisent des bouts de bois, des poils d'animaux, des mousses, et même leurs doigts. Les différents effets de couleur sont obtenus avec du charbon et des argiles. Pour décorer les parties les plus hautes de la grotte, ils confectionnent des échafaudages en bois. Dans la grotte de Lascaux, les Cro-Magnon ont peint des cerfs et des rennes, ces animaux qu'ils ont l'habitude de chasser, ainsi que des chevaux. Mais ils ont aussi dessiné des espèces aujourd'hui disparues en France : des aurochs, des énormes taureaux, des bisons européens et des rhinocéros. Ils ont gravé dans la pierre des félins et des rennes.

La signification de ces dessins et de ces gravures reste encore énigmatique ; ils ont sûrement une fonction magique. En représentant les animaux, ces hommes pensaient peut-être pouvoir les dominer ou acquérir leur puissance.

Grotte de Lascaux (Dordogne).
Pour peindre sur les murs des grottes, les Cro-Magnon utilisent des minéraux qu'ils réduisent en poudres, notamment du charbon pour le noir et de l'ocre pour le rouge ou le jaune. Ils se servent aussi, en guise de pinceaux, de touffes de poils d'animaux et de mousses. Ils peuvent enfin, à l'aide d'un os percé, souffler la peinture sur les parois de la grotte, selon la technique du pochoir.

>> **www.culture.gouv.fr/culture/arcnat/lascaux/fr**

- **-40000** : Plus anciennes traces d'hommes de Cro-Magnon en France.
- **-35000**
- **-30000** : Disparition des hommes de Neandertal. Occupation de la grotte Chauvet.
- **-25000**
- **-20000**
- **-15000** : Occupation de la grotte de Lascaux.

Vers 3000 av. J.-C.

Les alignements de Carnac

Avec des coins en bois, les hommes du néolithique sont parvenus à extraire des carrières des blocs de pierre mesurant parfois jusqu'à 30 mètres ! Ils les faisaient ensuite rouler sur des rondins de bois jusqu'au chantier, où ils les dressaient à l'aide de cordages et de leviers de bois.

>> **www.museedecarnac.com**

UNE ÉVOLUTION CLÉ

Les alignements de Carnac figurent parmi les plus grands et les plus anciens sanctuaires jamais découverts. Ils ont peut-être été édifiés en l'honneur d'un dieu du Soleil. Les archéologues ont en effet remarqué que les emplacements de nombreuses pierres correspondaient aux diverses positions du Soleil au cours de l'année.

LE CONTEXTE :
Des populations néolithiques

Dès le Ve millénaire av. J.-C., des populations venues d'Europe centrale s'établissent par vagues successives sur le territoire de la France. Elles apportent avec elles des savoirs et des techniques, notamment l'agriculture et la domestication des animaux. Elles édifient aussi de vastes alignements de pierres dressées dont la signification reste encore mystérieuse.

L'ÉVÉNEMENT :
Un vaste sanctuaire

Vers 3000 av. J.-C., les populations néolithiques ont érigé à Carnac, en Bretagne, plusieurs séries d'alignements de pierre. Ils devaient probablement s'étendre sur 8 kilomètres et compter jusqu'à 10 000 pierres levées, les menhirs. Aujourd'hui, seuls 2 934 menhirs sont encore visibles sur ce site.

L'alignement le plus grand est celui de Kermario : il compte 7 rangées de pierres dressées et s'étend sur plus d'un kilomètre. Parfois, les lignes de pierres forment de véritables enceintes, comme à Kerlescan.

Les hommes du néolithique enfouissaient les corps des défunts, avec leurs armes et leurs parures, sous des tables de pierre, les dolmens, qui peuvent peser jusqu'à 100 tonnes !

Ils ont aussi construit des chambres funéraires, des allées couvertes, de vastes sépultures collectives de pierre recouvertes d'un amas de terre, les tumulus.

Pour transporter ces énormes rochers, ces hommes préhistoriques ont utilisé des rondins de bois qu'ils faisaient tourner. Pour les soulever, ils ont fabriqué des treuils et des poulies. Dix personnes pouvaient ainsi déplacer une dalle de 32 tonnes !

- **-9000** Découverte de l'agriculture au Moyen-Orient.
- **-8000**
- **-7000**
- **-6000**
- **-5000** Arrivée probable des populations néolithiques en France.
- **-3300** Invention de l'écriture au Moyen-Orient.
- **-3000** Édification des alignements de Carnac.

600 av. J.-C.

Massalia fondée par les Grecs

Gyptis, la jolie fille de Nanos, le roi des Ségobriges, choisit comme époux Protis, le chef des marins grecs. Les Grecs apprennent aux Gaulois à tailler la vigne, à cultiver l'olivier, à mener une vie plus paisible.

> > mairie-marseille.fr/decouvre/histoire/histoire.htm

POURQUOI ? Des Grecs en Gaule

Des Grecs de la ville de Phocée en Asie Mineure sont à la recherche de terres à coloniser. Vers l'an 600, ils débarquent dans le sud de la Gaule, près du delta du Rhône, un territoire peuplé par les Celto-Ligures. Ils vont fonder la cité de Massalia et établir ainsi les bases d'un véritable empire commercial.

L'ÉVÉNEMENT : La fondation de Massalia

Quand les Phocéens jettent l'ancre près des rives du Lacydon, sur le site de l'actuel Vieux-Port de Marseille, ils ont à leur tête le fier et beau Protis.
Selon la légende, Protis est venu voir le chef d'une tribu celto-ligure pour lui demander son amitié, à l'endroit même où il voulait installer une cité. Il le trouva en pleins préparatifs du mariage de sa fille Gyptis.
Au cours du festin, la jeune fille devait elle-même choisir son époux, parmi les convives. À la surprise générale, Gyptis tendit la coupe à Protis. Le chef donna alors au jeune couple un territoire pour y construire une cité.
Les débuts de Massalia sont difficiles et il lui faut se protéger derrière de puissantes murailles. Mais la cité se développe rapidement. La proximité du Rhône facilite le commerce de l'étain et de l'ambre avec les mondes mystérieux du Nord-Ouest. Des côtes de la Manche au delta du Rhône, le transport nécessite trente jours.
Peu à peu les Massaliotes transmettent aux Celtes la culture de l'olivier et l'alphabet grec. Ils introduisent aussi en Gaule les premières monnaies, drachmes et oboles d'argent, qui sont recherchées dans tout l'Occident.
Massalia devient une grande puissance économique reconnue dans tout le bassin méditerranéen. Elle s'entoure d'une couronne de comptoirs : Nikaia (Nice), Antipolis (Antibes), Agathé (Agde) et Ampuria en Espagne. Les navigateurs massaliotes, comme Pythéas, vont contribuer à repousser les limites du monde connu.

UNE DATE CLÉ

Après la fondation de Massalia, les Grecs s'intéressent de plus en plus à la Gaule et à ses habitants. Massalia la Grecque devient en quelque sorte la première véritable cité de l'histoire de France.

- 760 Début de l'expansion coloniale grecque.
- 700
- 600 Fondation de Massalia par les Phocéens.
- 540 Bataille navale de l'Alalia contre les Étrusques et les Carthaginois.
- 300
- 200
- 100
- 49 Massalia annexée par Rome.

122-118 av. J.-C.

La fondation de la province romaine de Narbonnaise

POURQUOI ? La Gaule, une proie alléchante !

Les Celtes occupent la majeure partie de notre territoire. Excellents agriculteurs, ils font de la Gaule un pays riche et prospère. S'ils parlent la même langue et pratiquent la même religion, les 60 peuples gaulois sont pourtant divisés et se livrent des guerres interminables. La Gaule constitue donc pour Rome, la grande puissance de l'époque, un appât très attirant…
En 154 av. J.-C., les Massaliotes sont attaqués par les Celto-Ligures. Aussitôt, ils appellent au secours Rome, leur alliée.

DES DATES CLÉS

Tout le sud de la Gaule, de Nice aux Pyrénées, est maintenant une province romaine. Les Romains la baptisent « Provincia Romana » ; elle deviendra la Provence…

L'ÉVÉNEMENT : La Narbonnaise

Les Romains répondent favorablement à l'appel des Massaliotes. Ils ont déjà conquis la plus grande partie de l'Espagne et voudraient bien relier ce territoire à l'Italie. Or, pour ce faire, il leur faut conquérir le sud de la Gaule… Les légions romaines écrasent les Celto-Ligures et donnent à Massalia le territoire situé entre Monaco et Antibes.
De nouveau menacée en 125 av. J.-C., la cité grecque supplie une fois de plus son alliée ; Rome s'empresse d'intervenir. Cette fois, les Romains s'emparent pour leur compte d'un territoire qui s'étend jusqu'aux Pyrénées. En 122 av. J.-C., le consul romain Caius Sextius construit une place forte près de sources d'eaux chaudes, qu'il nomme Aquae Sextiae, « Les Eaux des Sextius », la future Aix-en-Provence. L'année suivante, le consul Domitius Ahenobarbus fait bâtir par ses soldats la voie Domitienne, première grande route qui relie l'Espagne à Aix par le littoral.
En 118 av. J.-C., Rome décide de fonder à Narbonne, point stratégique, une colonie peuplée de 3 000 Romains. La ville prend le nom de Colonia Narbo Martius. La cité devient la capitale de la première province romaine en Gaule, la Narbonnaise.

La Gaule aux IIe et Ier siècles av. J.-C.
La Province romaine est rapidement dotée d'importantes cités comme Arelate (Arles) ou Nîmes. Elle est traversée par la voie Domitienne qui relie Tarragone en Espagne à Aix. D'après César, le reste de la Gaule est divisé en trois parties : *« l'une est habitée par les Belges, l'autre par les Aquitains, la troisième par les Celtes ».*

> > **scdinf.univ-lyon2.fr/celtes/gallorom.htm**

- 154 — Attaque de Marseille par les Celto-Ligures.
- 150
- 140
- 125 — Rome commence la conquête du sud de la Gaule.
- 122 — Fondation d'Aix-en-Provence.
- 118 — Fondation de la province de la Narbonnaise avec Narbonne pour capitale.

52 av. J.-C.

La bataille d'Alésia

UNE BATAILLE CLÉ

La défaite de Vercingétorix met fin à la longue période d'indépendance des Gaulois. Lorsqu'en 51 av. J.-C., César quitte le pays, la « paix » romaine règne sur toute la Gaule, devenue romaine pour plus de cinq siècles !

POURQUOI ? L'année du soulèvement général

En 58 av. J.-C., les Gaulois appellent Jules César pour les aider à repousser les envahisseurs germains. Le général romain en profite pour conquérir toute la Gaule.
Au moment où César croit tenir la victoire, un jeune chef gaulois de la tribu des Arvernes se met en travers de sa route : Vercingétorix (« grand roi des guerriers »). En 52, ce chef dirige la révolte des Gaulois contre Rome, et à Gergovie réussit à battre l'invincible armée de César !

Tableau de Lionel-Noël Royer, 1899, musée du Puy-en-Velay.
Vercingétorix jette ses armes aux pieds du glorieux vainqueur, Jules César. Par ce geste, le vaincu se constitue prisonnier. À l'arrière-plan, parmi les enseignes militaires en forme d'aigles, se dessinent les impressionnantes fortifications romaines, dominées par des tours de bois hautes de 24 mètres !

>> www.alesia.asso.fr

L'ÉVÉNEMENT : Le siège d'Alésia

Emporté par ce premier succès à Gergovie, Vercingétorix décide d'affronter les légions romaines, au lieu de continuer à les harceler. Mais battu dans la vallée de la Saône, il doit se réfugier dans le village fortifié d'Alésia.
César met alors au point un plan remarquable : encercler et affamer les habitants d'Alésia, tout en repoussant les armées gauloises venues leur porter secours. Dans ce but, il fait creuser autour de la ville trois fossés garnis de pointes, dont un rempli d'eau. Derrière, il construit une palissade haute de 4 mètres, longue de 22 kilomètres, et munie de pieux.
Au bout de quarante jours de siège, Vercingétorix se livre au général romain pour tenter de sauver ses compagnons. Sans dire un mot, il jette aux pieds de César son épée et son casque. Il est envoyé en captivité à Rome.
Six années plus tard, César le fait sortir de son obscur cachot pour l'exhiber derrière son char lors du défilé de son triomphe. Le soir même, Vercingétorix sera étranglé !

- **-58** César commence la conquête de la Gaule.
- **-55**
- **-52** Bataille d'Alésia.
- **-51** Création de la province romaine de Gaule.
- **-50**
- **-45**
- **-44** Assassinat de Jules César.

68 apr. J.-C.

La dernière grande révolte gauloise

LE CONTEXTE : Des Gaulois aux Gallo-Romains

Peu à peu, les Gaulois deviennent des Gallo-Romains. Ils abandonnent leurs anciennes coutumes, s'habillent à la mode romaine, prennent des noms romains, parlent le latin et adoptent les dieux de Rome. En contrepartie, ils profitent des avantages d'une civilisation brillante.

Incomparables bâtisseurs, les Romains édifient en Gaule une centaine de cités, belles et agréables, reliées entre elles par de larges routes. Ils élèvent de magnifiques monuments, comme les arènes de Nîmes qui peuvent accueillir 23 000 spectateurs !

UNE DATE CLÉ

La romanisation de la Gaule est une réussite totale. Les Gaulois sont définitivement devenus des Gallo-Romains et ne voient plus leur avenir que dans et par l'Empire romain.

L'ÉVÉNEMENT : L'ultime soulèvement gaulois

Dès 47 apr. J.-C., Claude, surnommé l'« empereur des Gallo-Romains » car il est né à Lyon, accorde aux notables gaulois le privilège de siéger au sein de la plus vénérable des institutions romaines : le Sénat.
Pourtant, en 68-69, la Gaule est agitée par un soulèvement dirigé contre la domination romaine. Les chefs romanisés des peuples des Trévires et des Lingons, Julius Classicus, Julius Tutor et à leur tête Julius Sabinus, se soulèvent et tentent de rallier de force d'autres peuples.
Les représentants des cités gauloises réagissent aussitôt. Réunis en assemblée à Reims, ils affirment solennellement leur fidélité à Rome et demandent aux insurgés de déposer les armes. Mais ces derniers refusent ! L'empereur Vespasien dépêche alors six légions qui viennent à bout des révoltés.
Aucune répression n'est exercée sur les peuples rebelles, mais leur chef, Sabinus, vit caché pendant neuf ans, ravitaillé secrètement par sa femme Éponine, avant d'être arrêté par les Romains. Pour faire un exemple, Vespasien ordonne son supplice malgré les larmes d'Éponine, à qui il accorde comme seule faveur le droit de partager le sort de son mari.

Le pont du Gard est un chef-d'œuvre architectural. Il est le vestige d'un aqueduc qui amenait l'eau à la ville de Nîmes sur une distance de 40 kilomètres. Construit au milieu du Ier siècle apr. J.-C., il a été utilisé pendant plus de 400 ans. Il mesure 273 mètres de longueur à son étage supérieur et 50 mètres de hauteur. Il est constitué de trois niveaux d'arcades, dont le plus élevé porte la canalisation d'eau.

>> www.empereurs-romains.net

- 43 : Fondation de Lugdunum (Lyon).
- 27 : Auguste, premier empereur romain.
47 : Des Gaulois entrent au Sénat romain.
68 : Dernières révoltes gauloises.

- 25 | 0 | 25 | 50

177 apr. J.-C.

Le martyre de Blandine

LE CONTEXTE : Les premiers chrétiens de Gaule

Au cours du IIe siècle, des marchands de la Méditerranée diffusent le christianisme dans le sud de la Gaule. C'est en Narbonnaise et autour de Lyon que se forment les premières communautés chrétiennes. Elles regroupent des artisans et des commerçants souvent originaires d'Asie Mineure et de Palestine.

Gravure sur bois, 1875, d'après Émile Bayard.
Le 24 juin 177, Blandine et ses compagnons sont jetés aux lions, dans l'amphithéâtre de Lyon, devant une foule assoiffée de sang. Mais la jeune fille sera épargnée par les fauves. Le 1er août, elle est livrée à un taureau sauvage, puis égorgée.

>> www.lyon.fr/vdl/sections/fr/tourisme/histoire

L'ÉVÉNEMENT : Les chrétiens persécutés

Dirigés par l'évêque Pothin, les chrétiens de Lyon vivent à l'écart de la société romaine. Ils n'assistent pas aux jeux du cirque et ne participent pas aux cérémonies religieuses données en l'honneur de l'empereur. Pour de nombreux Gallo-Romains, cette attitude est scandaleuse !

Fin mars 177, les chrétiens de Lyon sont victimes de persécutions. Ils sont frappés, arrêtés par une foule en délire, conduits au Forum, interrogés et torturés. Parmi eux figurent le clerc Sanctus, sa jeune esclave Blandine et le vieux Pothin qui mourra sous la torture.

Le 24 juin, jour de la fête romaine du Soleil, les chrétiens sont livrés aux fauves dans l'amphithéâtre de Lyon. Mais aucune de ces bêtes féroces n'attaque la pieuse Blandine !

Le 1er août se déroule à Lyon une grande fête religieuse donnée en l'honneur de l'empereur Marc Aurèle. Elle réunit, à la confluence de la Saône et du Rhône, les représentants de toute la Gaule. À cette occasion, l'empereur décide de condamner à mort tous les chrétiens qui s'obstineront dans leur foi. Blandine est conduite dans l'amphithéâtre et livrée à un taureau en furie. La jeune fille est blessée par les cornes de l'animal et projetée plusieurs fois en l'air. Encore vivante et toujours impassible, elle est finalement égorgée.

Les chrétiens subissent de nouvelles persécutions au IIIe et au début du IVe siècle. Mais le christianisme va progressivement l'emporter. Toléré en 313, il devient en 392 la religion officielle de l'Empire romain.

UNE DATE CLÉ

Blandine et ses compagnons ont fait preuve, sous la torture et face aux fauves, d'un courage et d'une résistance exceptionnels. Ils sont considérés comme des martyrs du Christ.

64 Néron persécute les chrétiens de Rome.

100

177 Martyre des chrétiens de Lyon.

200

300

313 Édit de Milan tolérant le christianisme dans l'Empire.

392 Édit de Théodose : le christianisme, religion officielle de l'Empire.

451

Attila vaincu aux champs Catalauniques

L'invasion des Huns venus des plaines d'Asie centrale. Montés sur leurs rapides chevaux, ils pillent, brûlent et détruisent tout sur leur passage. Ils sont petits, trapus, habillés de peaux de rats et ont le visage couvert de cicatrices. Ils se nourrissent de racines sauvages et de viande crue.

UNE DATE CLÉ

Pour la première fois, les barbares germaniques et les Romains christianisés se sont alliés face au danger. Tous ensemble, ils ont défendu cet Occident qui, du fait de la désagrégation de l'Empire, n'est déjà plus romain… S'ouvre alors une nouvelle époque : le Moyen Âge.

POURQUOI ? Les invasions barbares

Jusqu'à la fin du IVe siècle, les armées romaines parviennent à contenir les envahisseurs germaniques. La défense des frontières est confiée à des mercenaires barbares, d'abord à des petits groupes puis à des peuples entiers.

Mais un événement ébranle toutes les plaines de l'Asie à l'Europe : les terribles Huns, des cavaliers nomades venus des steppes lointaines de Mongolie, déferlent sur l'Europe de l'Ouest. Ils sont les plus féroces de tous les peuples barbares !

L'ÉVÉNEMENT : Attila, le « fléau de Dieu »

Devant la poussée des Huns, les Germains se précipitent sur l'Empire romain non pour le détruire mais pour s'y réfugier. La pression devient si forte que les frontières du Rhin et du Danube finissent par céder.

Bientôt, la ruée en masse des Germains entraînera la désintégration de l'Empire romain d'Occident. Mais pour l'instant, les Huns représentent un tel danger que Germains et Romains préfèrent s'allier.

Attila, le roi des Huns, est un homme redoutable et cruel mais doué d'une vive intelligence. En 451, il lance ses bandes armées sur la Gaule. Aussitôt, les populations terrifiées s'enfuient, les villes se vident sauf Paris, où une jeune fille, Geneviève, encourage les habitants à se défendre et à organiser la résistance. Arrivé devant la ville, Attila hésite un instant puis renonce à l'attaquer, et préfère aller assiéger Orléans.

En face d'Attila, le général romain Aetius tente de défendre ce qui reste de l'Empire. Il parvient à obtenir l'appui des Wisigoths, des Burgondes et des Francs. Seule la crainte des Huns rassemble ces différents peuples.

Près de Troyes, l'armée d'Aetius affronte, le 20 juin 451, celle d'Attila. La bataille est un véritable carnage. Le roi des Wisigoths, Théodoric, est tué en plein combat. Mais les peuples alliés parviennent à repousser les Huns. En fin de soirée, les troupes d'Attila se replient et repassent le Rhin.

375 — Les Huns écrasent les peuples germaniques.

400

406 — Les Germains franchissent le Rhin et déferlent sur la Gaule.

425

450

451 — Attila aux champs Catalauniques.

476 — Chute de l'Empire romain d'Occident.

25 décembre (498 ?)

Le baptême de Clovis

Panneau d'autel du Maître de Saint-Gilles, vers 1500. Dans la cathédrale de Reims, l'évêque Remi baptise Clovis en versant sur son front un peu d'eau bénite.

> > clovis1er.free.fr

LE CONTEXTE : Les conquêtes de Clovis

Depuis la chute de l'Empire romain d'Occident en 476, la Gaule ressemble à une vaste mosaïque de royaumes barbares. L'un d'entre eux, le royaume des Francs, couvre le nord-est de la Gaule et est dirigé par un souverain nommé Clovis. Ce jeune roi ambitieux veut profiter de la division de la Gaule pour étendre son territoire. Il commence par vaincre son voisin en 487, le Gallo-Romain Syagrius, puis s'empare de la majeure partie de la Gaule du Nord.

L'ÉVÉNEMENT : Le baptême de Clovis

Clovis est un roi païen. Comme son peuple, il croit aux dieux germaniques et aux forces de la nature. Pourtant il s'est marié avec une princesse chrétienne, Clotilde, qui avec l'aide de Remi, l'évêque de Reims, l'encourage à se convertir.
En 496, lors d'une bataille contre les Alamans, le roi jure de devenir chrétien si Dieu lui accorde la victoire. Il l'emporte et, deux ans plus tard, il promet de se faire baptiser « sans délai ».
La cérémonie a lieu le 25 décembre (498 ?), à Reims. Avec deux de ses compagnons, Clovis pénètre dans le baptistère situé près de la cathédrale Sainte-Marie et dépose ses colliers, symboles de son ancienne croyance. Puis il se baigne dans la cuve du baptême. Remi le baptise et lui trace une croix sur le front, avec une huile sacrée, le Saint Chrême.
Après son baptême, Clovis poursuit ses conquêtes. Vers 507, à Vouillé, près de Poitiers, il parvient à vaincre Alaric II, le roi des Wisigoths, qui occupe alors tout le sud-ouest de la Gaule. Maître de l'Aquitaine, il se tourne vers le Nord et impose son autorité aux Francs de Cologne. Il dirige alors un vaste royaume franc qui s'étend de la Frise aux Pyrénées, et de la frontière bretonne à la vallée du Rhin. Seuls échappent à son pouvoir l'Armorique, le royaume des Burgondes, la Provence et le Languedoc.
À sa mort en 511, la Gaule est partagée entre ses successeurs.

UNE DATE CLÉ

Grâce à son baptême, Clovis acquiert une nouvelle autorité.
Il sert d'exemple à de nombreux barbares qui se convertissent à leur tour.
Roi chrétien, il va fonder une nouvelle dynastie qui durera jusqu'au VIIIe siècle : les Mérovingiens.

481 Avènement de Clovis, roi des Francs de Tournai.

487 Victoire de Clovis contre Syagrius.

490

500

507 Clovis annexe l'Aquitaine.

511 Mort de Clovis et partage de son royaume entre ses fils.

25 octobre 732

Les musulmans repoussés par Charles Martel

LE CONTEXTE : La poussée musulmane

Depuis 721, le roi mérovingien Thierry IV règne sur une grande partie de la Gaule. Mais en réalité le pouvoir est exercé par Charles, le maire du palais, qui dirige l'administration royale. Le jeune maire du palais s'inquiète des raids menés par les musulmans dans le sud de la Gaule.

À la tête d'une petite armée composée de Berbères et d'Arabes, le général Abd al-Rahman s'est en effet emparé du Languedoc. Il est même remonté jusqu'aux environs de Poitiers ! Le royaume d'Aquitaine est ravagé et son roi Eudes est directement menacé…

UNE DATE CLÉ

La victoire d'octobre 732 contre une petite armée de musulmans donne un coup d'arrêt à l'expansion de l'islam. Grâce à elle, Charles Martel devient en Occident le « champion de la chrétienté » et le seul maître de la Gaule.

L'ÉVÉNEMENT : La victoire de Charles

Le roi Eudes se réfugie auprès de Charles et lui demande son aide. Le maire du palais accepte. Les deux hommes partent avec leurs armées à la rencontre des musulmans.

Le 25 octobre 732, à Moussais, près de Poitiers, ils font face à Abd al-Rahman. Pendant sept jours, les deux armées vont s'observer. Le huitième jour, les cavaliers berbères et arabes armés de leurs javelots acérés lancent une attaque foudroyante. Mais les guerriers francs, protégés par leurs boucliers et leurs cottes de mailles, tiennent bon. Charles repousse ses assaillants à grands coups de marteau. C'est pourquoi il sera appelé par ses hommes « Charles Martel » (le « marteau »). Les cavaliers musulmans viennent plusieurs fois se briser contre ce mur infranchissable. Abd al-Rahman est blessé à mort durant le combat. Les musulmans profitent de la nuit pour s'enfuir…

Tableau de Charles de Steuben, 1837, musée de Versailles.
La victoire de Charles Martel sur Abd al-Rahman est devenue un événement hautement symbolique.
Au fil des siècles, elle a été considérée par les Européens comme le triomphe des chrétiens sur les musulmans.
C'est pourquoi le peintre a choisi de représenter dans la partie gauche de son tableau une imposante croix de pierre.

714 Charles Martel devient maire du palais.

719 LES MUSULMANS D'ESPAGNE CONQUIÈRENT LE SUD DE LA FRANCE.

720

725

730

732 Charles Martel repousse les musulmans près de Poitiers.

740

741 Mort de Charles Martel.

751

Pépin le Bref proclamé roi des Francs

En novembre 751, Pépin le Bref est élu roi par les Francs réunis en assemblée à Soissons. Puis les évêques enduisent son front de Saint Chrême. Pépin est ainsi le premier roi des Francs à être sacré. Par cette cérémonie, il est désormais considéré comme le représentant de Dieu sur terre.

LE CONTEXTE : Les ambitions de Pépin

Fils de Charles Martel, Pépin le Bref est maire du palais du roi mérovingien Childéric III. Même s'il détient tous les pouvoirs, il a une ambition plus vaste : être roi des Francs ! Comment le devenir ? Pépin décide de s'adresser au principal représentant de l'Église d'Occident, le pape Zacharie.

L'ÉVÉNEMENT : Le sacre de Pépin

Pépin envoie deux de ses conseillers, les abbés Burchard et Fulrad, à Rome afin de poser au pape Zacharie une question importante : *« Est-il bon que les rois de Francie n'exercent pas le pouvoir ? »* Le pape répond qu'il vaut mieux appeler roi celui qui a le pouvoir et qu'il souhaite que Pépin soit nommé roi. Les deux abbés rentrent au pays des Francs et rapportent la bonne nouvelle à Pépin.

Fort du soutien du pape, le maire du palais réunit, en novembre 751 à Soissons, une assemblée des Francs. Il se fait proclamer roi par les grands du royaume puis sacrer par les évêques qui lui enduisent le front de Saint Chrême.

Quant à Childéric III, le roi mérovingien, il est enfermé dans un monastère !

À Rome, la situation devient difficile. Le nouveau pape, Étienne II, menacé par les redoutables Lombards, demande l'aide de Pépin qui s'empresse de l'accueillir en Francie. Les deux hommes se rencontrent en 754, à Ponthion.

Pépin promet à Étienne II de le protéger et de défendre la ville de Rome. Quant au pape, il accepte, en échange, de sacrer le nouveau roi des Francs ainsi que ses deux fils. La cérémonie du sacre se déroulera le 28 juillet 754 dans la basilique de Saint-Denis.

UNE PÉRIODE CLÉ

Pépin le Bref n'est pas un roi comme les autres. Sacré par le pape, il est aussi le protecteur attitré de la ville sainte de Rome. Grâce à cette autorité, il parvient à fonder une puissante dynastie : les Carolingiens.

- **741** Pépin le Bref devient maire du palais avec son frère Carloman.
- **750**
- **751** Pépin le Bref proclamé roi des Francs.
- **754** Pépin le Bref sacré par le pape.
- **759–768** PÉPIN LE BREF SOUMET LE SUD DE LA FRANCE.
- **760**

800

Charlemagne, empereur d'Occident

LE CONTEXTE : Le roi des Francs étend sa domination

Charlemagne devient roi des Francs à la mort de son père, Pépin le Bref, en 768. Mais son ambition est d'agrandir son royaume et d'étendre les frontières de la chrétienté à toute l'Europe. Au début de l'année 800, il a déjà conquis la Bavière, la Saxe, la moitié de l'Italie et une partie de l'Espagne.

UN PERSONNAGE CLÉ

À sa mort en 814, Charlemagne laisse une œuvre immense : un empire chrétien en Europe occidentale. De nombreux dirigeants et historiens le considèrent aujourd'hui comme le précurseur de la construction européenne.

L'ÉVÉNEMENT : Un empire européen

Le 25 décembre 800, Charlemagne est couronné empereur d'Occident par le pape Léon III. Il règne sur un immense empire qui s'étend de la mer du Nord à la Méditerranée.

Dès 794, il s'est aménagé une capitale, Aix-la-Chapelle, en faisant bâtir un palais au cœur des forêts germaniques. Il y crée une académie de lettrés et réunit des artistes passionnés par la civilisation romaine.

Pour gouverner, Charlemagne dispose d'une puissante administration. Les différentes régions de l'empire sont gérées par des comtes, eux-mêmes contrôlés par des agents de l'empereur : les *missi dominici*.

Aux frontières les plus menacées, il a institué des régions militaires, les « marches », administrées par des proches ou des membres de la famille impériale. Il a créé des États satellites, qui lui sont dévoués.

Défenseur du Christ, l'empereur bâtit des églises dans les régions encore païennes de Germanie.

Dans les années 800, l'empire est menacé par les Vikings. Charlemagne comprend que son œuvre est fragile et qu'il lui faut préparer sa succession. C'est pourquoi, en 813, il fait couronner son fils Louis empereur d'Occident.

Tableau de Jean-Victor Schnetz, XIXe siècle, musée du Louvre, Paris. Charlemagne est représenté ici coiffé de la couronne impériale. À sa droite, repose le globe, symbole de son pouvoir.

771 Charlemagne, seul roi des Francs.

778 Expédition de Charlemagne en Espagne. Massacre de Roncevaux.

780

794 Début de la construction du palais d'Aix-la-Chapelle.

800 Couronnement de Charlemagne.

813 Couronnement de Louis, fils de Charlemagne.

814 Mort de Charlemagne.

843

Le partage de Verdun

LE CONTEXTE : Une guerre d'héritage

L'empereur carolingien Louis le Pieux, fils de Charlemagne, pense lui aussi à préparer sa succession. Il donne à son fils aîné, Lothaire, le titre d'empereur associé, et confie à son fils cadet, Pépin, le royaume d'Aquitaine. Quant au benjamin, Louis, il devient roi de Bavière.

En 823, Louis le Pieux a un quatrième fils, Charles, auquel il veut donner une part de l'héritage. Aussitôt, les aînés se rebellent contre leur père. Après la mort de Pépin en 838, puis de Louis le Pieux deux ans plus tard, la situation tourne à l'affrontement.

UNE DATE CLÉ

Le traité de Verdun marque la fin de l'immense empire carolingien et fonde de nouveaux royaumes promis à un bel avenir… Ce sont en effet les ancêtres directs de trois pays européens : la France, l'Allemagne et l'Italie.

L'ÉVÉNEMENT : La division de l'empire

Charles et Louis s'allient contre l'empereur Lothaire. En 841, ils parviennent à le vaincre à la bataille de Fontenoy-en-Puisaye. Mais ils vont plus loin encore… Le 14 février 842, à Strasbourg, les deux frères jurent devant leurs armées de se prêter main-forte contre leur aîné. Ce serment est prononcé par Louis en langue romane et par Charles en langue germanique.
Mais cette guerre fratricide ne peut durer. Quatre mois plus tard, les trois frères décident de diviser aussi équitablement que possible le vieil empire de Charlemagne. Ils se réunissent donc à Verdun en 843 pour organiser la répartition.
À Charles le Chauve revient l'ouest de l'empire, la Francie occidentale. Lothaire ne garde qu'un ensemble de territoires situés au centre, entre la mer du Nord et le sud de l'Italie, mais conserve son titre d'empereur. Quant à Louis, il se voit attribuer l'est de l'empire, la Francie orientale.

En août 843, Lothaire, Louis le Germanique et Charles le Chauve signent le traité de Verdun qui détermine le partage de l'empire de Charlemagne. À Charles le Chauve revient la Francie occidentale, qui s'étend de l'Anjou à la Bourgogne et du Pas-de-Calais à la Catalogne. C'est le noyau de ce qui deviendra… la France !

840 Mort de Louis le Pieux.

841 Bataille de Fontenoy-en-Puisaye.

842 Serments de Strasbourg.

843 Partage de Verdun.

911

La Normandie fondée par les Vikings

Rollon et ses compagnons s'apprêtent à débarquer sur les côtes normandes. Ils ont navigué pendant des jours à bord d'un *knörr*, le navire traditionnel viking. Sa proue est ornée d'une tête de dragon sculptée si bien qu'on l'appelle communément « drakkar » (dragon).

>> **www.saintclairsurepte.com/histoire.htm**

LE CONTEXTE : Les raids des Vikings

Tout au long du IXe siècle, le royaume de Francie occidentale subit les raids des redoutables Vikings. Ces marins, à la fois commerçants et pirates, viennent de Scandinavie, à bord de leurs puissants bateaux à voile, les *knörrs*. Mesurant environ 16 mètres de long, ces navires pèsent au maximum 24 tonnes et accueillent un équipage d'une trentaine d'hommes. Leur faible tirant d'eau leur permet de naviguer en eau peu profonde.

Les Vikings pillent régulièrement les côtes de la Manche. À plusieurs reprises, ils tentent de prendre Paris.

L'ÉVÉNEMENT : Le traité de Saint-Clair-sur-Epte

En 911, une bande de Vikings danois conduits par Hrolf (Rollon) remonte la Seine puis l'Eure afin d'assiéger la ville de Chartres. L'opération échoue. Le roi de Francie occidentale, le Carolingien Charles le Simple, et le duc de France Robert décident alors de négocier avec Rollon. Ils chargent Francon, l'archevêque de Rouen, de préparer une entrevue avec le Viking.

Les trois hommes se retrouvent avec leurs armées à Saint-Clair-sur-Epte, situé sur un petit affluent de la Seine. Charles le Simple conclut un traité avec Rollon. Il lui offre une terre située *« du fleuve de l'Epte jusqu'à la mer »*, correspondant à l'actuelle Haute-Normandie. En contrepartie, le chef viking accepte de se faire baptiser et de défendre à l'avenir son nouveau territoire contre… les autres Vikings.

En signe d'allégeance, Rollon place solennellement ses mains dans celles du roi Charles. Un an plus tard, il se fait baptiser par Francon et devient le premier duc de Normandie.

Profitant de la faiblesse du pouvoir royal, Rollon puis son successeur Guillaume Longue-Épée vont étendre les frontières de la Normandie. Au XIe siècle, elle devient l'une des principautés les plus puissantes d'Occident.

UNE DATE CLÉ

Les Vikings colonisent la Normandie, qui va devenir un duché puissant et prospère. Petit à petit, ils vont adopter la langue des Francs et se convertir à la religion chrétienne.

885–886 Siège de Paris par les Normands.

893 Charles le Simple couronné et sacré roi de France.

911 Traité de Saint-Clair-sur-Epte.

1000

1100

1204 Rattachement du duché de Normandie au royaume de France.

29 mai 987

Hugues Capet élu roi de France

Le 29 mai 987, Hugues Capet est élu roi de France par les grands du royaume à Senlis. C'est la consécration d'une famille, les Robertiens, reconnue pour sa bravoure au combat. Le 3 juillet, Hugues est sacré à Noyon par l'évêque Adalbéron.

LE CONTEXTE :
La fin des Carolingiens

Le 21 mai 987 s'éteint le roi de France Louis V, dernier représentant de la prestigieuse dynastie des Carolingiens. Comme il n'a pas d'héritier direct, son successeur sera élu par l'assemblée des grands du royaume.

L'ÉVÉNEMENT :
Hugues Capet, roi de France

Deux candidats sont en compétition : Charles de Basse-Lorraine, oncle de Louis V, et Hugues Capet, duc des Francs. Ce dernier appartient à la puissante famille des Robertiens, qui a toujours rivalisé avec les Carolingiens.

Son grand-oncle Eudes et son grand-père Robert ont déjà été rois de France à la fin du IXe et au début du Xe siècle. Ses ancêtres se sont illustrés à maintes reprises par leur bravoure au combat. C'est ainsi que Eudes a défendu vaillamment Paris contre les Normands en 885-886.

De plus, Hugues Capet a su nouer de nombreuses alliances avec les grands du royaume. Il a donc toutes les qualités pour régner. Il est même soutenu par le puissant archevêque de Reims, Adalbéron.

Quant à Charles de Basse-Lorraine, il est trop faible et trop isolé pour rivaliser.

Le 29 mai 987, Hugues Capet est élu par les grands du royaume réunis dans la ville de Senlis.

Le 3 juillet, il se rend à Noyon pour y être sacré. L'archevêque Adalbéron lui enduit le front de Saint Chrême, l'onction royale, puis le couronne, avant de lui remettre l'épée royale, signe de son pouvoir.

UNE DATE CLÉ

Le sacre confère à Hugues Capet un pouvoir d'origine divine. À la fin de l'année, il fait sacrer son fils Robert, pour montrer à tous qu'il veut fonder une nouvelle dynastie : les Capétiens. Il ne sait pas qu'elle durera plus de 800 ans !

Mai 987
Le 21 : Mort du roi de Francie, Louis V.
Le 29 : Hugues Capet élu roi de France.

3 juillet 987
Sacre d'Hugues Capet.

990

995

996
Mort d'Hugues Capet.

1066

Guillaume de Normandie conquiert l'Angleterre

LE CONTEXTE : Un héritage à recueillir

En 1051, le roi d'Angleterre Édouard le Confesseur désigne comme successeur son neveu par alliance Guillaume, duc de Normandie. Treize ans plus tard, le chef de la noblesse anglaise, Harold, prête un serment de fidélité à Guillaume. Mais, en 1066, à la mort d'Édouard, Harold trahit sa parole et se proclame roi d'Angleterre. Le duc de Normandie décide d'aller conquérir lui-même son héritage.

L'ÉVÉNEMENT : La bataille d'Hastings

Pour envahir l'Angleterre, Guillaume fait construire une flotte de plus de 1 000 navires. Il parvient à réunir 7 000 soldats, non seulement des Normands mais aussi des Bretons et des Flamands.

Après une première tentative manquée, les navires traversent la Manche et les hommes débarquent enfin sur les côtes anglaises la nuit du 28 au 29 septembre. Le 14 octobre, près d'Hastings, ils affrontent Harold et ses redoutables Saxons.

Le combat est acharné. Les cavaliers normands ne parviennent pas à percer le mur de boucliers des soldats saxons. Pire, une rumeur annonce que Guillaume a été tué ! Soudain, le duc de Normandie apparaît et relève son heaume pour montrer à tous qu'il est bien vivant. Voyant ses hommes reculer devant l'adversaire, il décide de changer de tactique. Il ordonne aux Bretons de feindre de battre en retraite. Aussitôt, les Saxons les poursuivent, et les archers normands en profitent pour les cribler de leurs flèches. Touché en plein visage, Harold s'écroule, mort, et la plupart des Saxons effrayés s'enfuient.

UNE BATAILLE CLÉ

Vainqueur, Guillaume, dit le Conquérant, est couronné roi d'Angleterre le 25 décembre 1066. Il va diffuser dans ce pays la langue française et les lois normandes.
Son demi-frère, Odon, fait réaliser une superbe broderie de 70 mètres de long, la tapisserie de Bayeux, qui célèbre la conquête de l'Angleterre et notamment la bataille d'Hastings.

Détail de la Tapisserie de Bayeux, XIe siècle. Avec l'autorisation spéciale de la Ville de Bayeux
Les chevaliers normands, protégés par leur cotte de mailles, tentent de prendre d'assaut la colline de Battle. Mais ils sont repoussés par les soldats paysans anglo-saxons, armés de lances et protégés par des boucliers.

> > **panograph.free.fr/BayeuxTapestry.html**

Janvier 1066
Le 5 : Mort d'Édouard le Confesseur, roi d'Angleterre.
Le 6 : Harold devient roi d'Angleterre.

14 octobre 1066
Bataille d'Hastings.

25 décembre 1066
Guillaume, couronné roi d'Angleterre.

1095

L'appel à la croisade du pape Urbain II

LE CONTEXTE : Les Turcs s'emparent du tombeau du Christ

Au VIIe siècle, la Palestine est conquise par les musulmans. Les califes laissent cependant les pèlerins chrétiens venir en Terre sainte.

Mais en 1070, les Turcs seldjoukides s'emparent du tombeau du Christ à Jérusalem et, très intolérants, annoncent qu'ils interdisent les pèlerinages aux chrétiens !

L'ÉVÉNEMENT : Les croisés en Terre sainte

La nouvelle fait grand bruit dans tout l'Occident. À Clermont, en 1095, le pape Urbain II appelle les chrétiens à aller libérer le tombeau du Christ. Il utilise aussi ce moyen pour canaliser la violence de ces seigneurs très querelleurs. Le pape, orateur puissant de haute taille, crie : « Dieu le veut », la foule répond d'une seule voix : « Dieu le veut. » À ce pressant appel, une vague d'enthousiasme religieux submerge l'assistance. Aussitôt, des centaines de milliers de fidèles décident de partir en Orient et cousent une croix de drap rouge sur leur vêtement, d'où leur nom de « croisés ».

Après un long et périlleux voyage, l'armée des chevaliers parvient, en juin 1099, devant Jérusalem et assiège aussitôt la ville. Le vendredi 15 juillet, à 3 heures, même jour et même heure que la mort du Christ, ils donnent l'assaut. Ils s'emparent de la cité et se livrent à trois jours de pillages et de massacres.

Quatre États chrétiens sont bientôt créés. Le plus puissant d'entre eux, le royaume de Jérusalem, est donné à Godefroi de Bouillon, le plus brave des chevaliers. Pour défendre ces nouveaux États, les croisés créent des ordres de moines-soldats, comme les Templiers.

Cependant les États latins d'Orient sont très vite à nouveau menacés. En 1187, Jérusalem retombe aux mains des musulmans. Après cinq autres croisades, le dernier royaume chrétien d'Orient disparaît en 1291 !

UNE DATE CLÉ

Les croisades ont d'importantes conséquences économiques, notamment le développement des échanges maritimes. Le grand commerce méditerranéen qui avait presque disparu depuis la chute de l'Empire romain revit enfin.

Sous les murs de Clermont, le pape Urbain II demande à tous les chrétiens de partir libérer le tombeau du Christ. Des centaines de fidèles décident de « se croiser », en cousant une croix de drap rouge sur leurs vêtements.

>> www.callisto.si.usherb.ca/~croisade/Byzance.htm

1070 – Les Turcs seldjoukides envahissent la Palestine.

1095 – Urbain II prêche la première croisade.

1099 – Prise de Jérusalem par les croisés.

1187 – Saladin reprend Jérusalem.

1270 – Huitième croisade. Mort de Saint Louis.

1291 – Saint-Jean-d'Acre est repris par les musulmans.

1152

Aliénor d'Aquitaine décide du sort de la France

Aliénor ne s'entend pas avec Louis VII qu'elle trouve ennuyeux. Elle répète souvent : « *j'ai épousé un moine, non un roi…* » Le couple ne cesse de se disputer pendant que les troubadours qui entourent la reine célèbrent dans leurs chants une vie de fêtes, de chasses et de tournois.

>> **mboullic.club.fr/alienor.htm**

UNE DATE CLÉ

Face à l'empire anglais riche et puissant, les rois de France n'auront qu'un objectif : abattre les Plantagenêts et s'emparer de leurs territoires. Ainsi débute une première période de guerres qui durera plus de cent ans (1152-1259).

QUI EST-ELLE ?
Une belle héritière

Héritière du dernier duc d'Aquitaine, Aliénor (1122-1204) est belle avec ses yeux verts limpides, sa bouche admirable et son doux regard. Lorsqu'elle épouse à 15 ans le futur roi de France, Louis VII, elle lui apporte en dot les riches provinces d'Aquitaine, du Poitou, du Périgord et du Limousin.

L'ÉVÉNEMENT :
Un divorce catastrophique

Mais la nouvelle reine de France est rapidement déçue par son mari. Elle est gaie et sensuelle alors qu'il est pieux et triste. Habituée aux cours brillantes de l'Aquitaine et à ses troubadours, elle s'ennuie dans l'austère palais de la Cité.
Les époux s'embarquent pour la deuxième croisade en 1147. En Orient, la jeune reine de France s'affiche avec de séduisants seigneurs. Le roi est furieux et la soupçonne d'infidélité. Il lui reproche surtout de ne lui avoir toujours pas donné d'héritier mâle !
En 1152, leur divorce est accordé et Aliénor reprend son héritage. Elle est tombée amoureuse du jeune et beau Henri Plantagenêt. Le jeune comte tient de son père la Touraine et l'Anjou, et de sa mère la Normandie. En ajoutant aux siennes les possessions d'Aliénor, devenue sa femme, Henri domine la moitié de la France avec les villes les plus riches : Rouen, Angers, Tours, Bordeaux…
En 1154, le comte Henri devient roi d'Angleterre sous le nom d'Henri II. Les territoires d'Aliénor deviennent alors anglais. De l'Écosse aux Pyrénées se forme ainsi un puissant empire Plantagenêt. Aliénor donnera à Henri huit enfants, dont le célèbre Richard Cœur de Lion.

1137 — Mariage d'Aliénor et de Louis VII.

1140

1147 — Départ de Louis VII pour la deuxième croisade.

1152 — Divorce d'Aliénor et mariage avec Henri Plantagenêt.

1154 — Henri II Plantagenêt devient roi d'Angleterre.

1163

La mise en chantier de la cathédrale Notre-Dame de Paris

Il a fallu plus de deux siècles (1163-1351) et des milliers d'ouvriers pour édifier la cathédrale Notre-Dame de Paris. Mais les travaux ne s'arrêtent pas là… Un chœur baroque est réalisé entre 1699 et 1723. La cathédrale est presque entièrement restaurée par les architectes Viollet-le-Duc et Lassus entre 1844 et 1864.

> > **www.cathedraledeparis.com**

UN ART CLÉ

Chef-d'œuvre de l'art gothique, la cathédrale Notre-Dame de Paris est aussi un haut lieu de l'histoire de France. C'est là en effet que sont réunis les états généraux en 1302 et qu'Henri VI est couronné roi d'Angleterre en 1431.

LE CONTEXTE : L'essor de l'art gothique

Dès la fin du XIe siècle, des architectes découvrent un nouveau système de voûtes permettant de mieux répartir le poids de l'édifice, la croisée d'ogives. Dans les années 1140, on invente la technique des arcs-boutants qui supportent le bâtiment. Désormais, les murs peuvent être sculptés et percés de grandes fenêtres ornées de vitraux. Les églises deviennent plus hautes et plus lumineuses. L'art gothique est né !

L'ÉVÉNEMENT : Deux siècles de construction !

Évêque de Paris depuis 1160, Maurice de Sully décide de faire reconstruire la cathédrale Saint-Étienne datant du VIe siècle et située sur l'île de la Cité. Les travaux commencent en 1163. Le chantier, gigantesque, occupe 5 500 mètres carrés de terrain. Il réunit des charpentiers, des verriers, des maçons, des tailleurs de pierre venus de toute la France.

L'ancien édifice est rasé, seul un portail est conservé. Afin de faciliter le transport des matériaux, une nouvelle rue est construite, la rue Neuve-Notre-Dame. Un premier architecte édifie le chevet et les quatre niveaux de l'édifice. Un deuxième bâtit les tribunes.

En 1182, le chœur de la nouvelle église est achevé et consacré par le représentant du pape. La partie ouest du bâtiment ainsi que le parvis sont terminés au début du XIIIe siècle.

Un demi-siècle plus tard, on élargit les fenêtres pour donner encore plus de lumière à l'église. L'architecte Jean de Chelles réalise alors les façades. Ses successeurs, de Pierre de Montreuil à Jean le Bouteiller, bâtissent les chapelles du chœur, le jubé, et ajoutent des arcs-boutants.

1209

La croisade contre les albigeois

POURQUOI ? Les cathares ou albigeois

Au XIIe siècle, certains chrétiens ont des croyances qui paraissent très étranges aux yeux de beaucoup. Pour eux il existe un dieu du Bien qui vit au ciel et un dieu du Mal créateur du monde terrestre.
On les appelle « cathares » (les « purs » en grec) en référence au nom que se donnent leurs chefs, les « parfaits », qui préconisent une « absolue pureté » des mœurs. Mais d'aucuns les nomment aussi albigeois, car bon nombre d'entre eux vivent dans la région d'Albi, au nord-est de Toulouse.

UNE DATE CLÉ

Le Midi perd définitivement son indépendance. Pourtant cette région fera toujours preuve d'une entière fidélité envers la monarchie française.

L'ÉVÉNEMENT : Le Midi à feu et à sang

Les cathares sont considérés comme des hérétiques, car ils n'obéissent pas aux enseignements de l'Église.
Ils sont protégés par un personnage puissant : le comte de Toulouse Raimond VI. Dans un premier temps, l'Église tente de les convertir, mais sans succès.
En 1208, le pape Innocent III choisit la manière forte : il lance contre eux une croisade ! Après avoir obtenu l'autorisation du roi de France, les croisés commandés par Simon de Montfort déferlent sur le Languedoc, mettent à sac Béziers et massacrent sa population. Le légat du pape Arnaud-Amalric aurait ordonné aux croisés : « *Tuez-les tous, Dieu reconnaîtra les siens !* »
Le 22 juillet 1209, 22 000 personnes sont passées au fil de l'épée. Les chefs de la croisade veulent ainsi dissuader les autres villes du Midi de leur résister. Carcassonne puis Toulouse (1216) se rendent.
Le dernier acte se joue en 1244 après la prise du château de Montségur où les défenseurs préfèrent mourir brûlés plutôt que de renoncer à leur croyance.
Par le traité de Meaux en 1229, le comte de Toulouse, Raimond VII, vaincu, est contraint de marier sa fille unique au frère de Louis IX. Le couple n'aura pas d'enfant et, à leur disparition, le Languedoc est rattaché à la couronne de France.

La croisade débute par le sac de Béziers et le massacre de toute sa population.
Les guerriers, incapables de reconnaître les hérétiques des autres habitants, les exterminent tous sans distinction.

>> **www.geocities.com/Paris/2354/cathare.html**

1208 – Innocent III prêche la croisade contre les albigeois.

1209 – Début de la croisade et sac de Béziers.

1220

1229 – Traité de Meaux.

1244 – Prise de la forteresse cathare de Montségur.

27 juillet 1214

Bouvines : la naissance de la nation française

Enluminure de Robinet Testard extraite des *Grandes Chroniques de France*, 1471, BNF, Paris.
Le dimanche 27 juillet 1214, entre Bouvines et Tournai, Philippe Auguste et ses alliés parviennent à défaire les armées coalisées du roi d'Angleterre Jean sans Terre, de l'empereur Otton IV, et du comte de Flandre.

>> **bataille.bouvines.free.fr**

UNE BATAILLE CLÉ

Grâce à la victoire de Bouvines, la France s'affirme comme une grande puissance et la famille capétienne acquiert la gloire qui lui manquait. Les barons français et leurs soldats se sont battus vaillamment pour défendre le royaume. La France devient une véritable nation.

LE CONTEXTE :
L'Angleterre contre la France

En 1214, le roi d'Angleterre, Jean sans Terre, tente de former une vaste coalition contre la France. Il s'est allié avec Ferrand le comte de Flandre, Renaud le comte de Boulogne, et même avec l'empereur germanique Otton IV. Le roi de France Philippe Auguste est cerné… Mais il compte quelques fidèles, parmi lesquels Eudes le duc de Bourgogne, et Robert le comte de Dreux.

L'ÉVÉNEMENT :
Le dimanche de Bouvines

Le choc décisif a lieu le dimanche 27 juillet 1214, près du village de Bouvines, à la frontière entre le comté de Flandre et l'Empire germanique. Pourtant l'Église interdit toute guerre le dimanche ! Qu'importe !
Les coalisés sont décidés à se battre. Ils ont réuni 1 500 chevaliers et 7 000 soldats venus de Flandre et d'Angleterre. Dans le camp français, les effectifs sont moins importants : 1 300 chevaliers et 6 000 soldats d'Île-de-France, de Normandie, de Champagne et de Bourgogne.
Les Français engagent le combat. Aussitôt, Eudes se jette sur Ferrand et après une lutte acharnée parvient à le capturer. Au centre, une terrible mêlée oppose les chevaliers germaniques d'Otton IV aux barons de Philippe Auguste. L'empereur manque d'être tué par le chevalier Guillaume des Barres. Philippe Auguste est désarçonné et ne doit sa vie sauve qu'à l'intervention de ses barons. Au final, Otton IV s'enfuit avec nombre de ses vassaux. Dans le camp des coalisés, il ne reste plus que Renaud qui affronte son pire ennemi, le comte de Dreux, et finit par se rendre…

1180 — 1204 — 1214 — 1223

1204 : Philippe Auguste conquiert la Normandie.

1214 : 2 juillet : Victoire de Philippe Auguste contre Jean sans terre à la Roche-au-Moine.

27 juillet : Bataille de Bouvines.

RÈGNE DE PHILIPPE AUGUSTE

1257

La fondation du collège de la Sorbonne

LE CONTEXTE : La naissance des universités

Jusqu'au XIIe siècle, l'enseignement est entièrement contrôlé par l'Église. Il est dispensé dans des monastères et des évêchés. Mais le développement des villes entraîne la naissance de grands centres d'enseignement. C'est ainsi qu'en 1119 est fondée à Bologne, en Italie, la première université d'Europe. Cette association de maîtres et d'élèves s'adresse non seulement à des religieux mais aussi à des laïcs.

UNE DATE CLÉ

L'université de Paris a permis une large diffusion des connaissances auprès des clercs et des laïcs. Grâce au collège de la Sorbonne, les étudiants les plus pauvres peuvent recevoir un enseignement.

L'ÉVÉNEMENT : Un collège pour les pauvres

Maîtres et élèves, voulant échapper à l'autorité trop tatillonne des évêques et des abbés, décident de se placer sous la protection du pape. En 1231, la toute récente université de Paris, fondée en 1200, est reconnue officiellement par le pape. Elle regroupe plusieurs facultés spécialisées chacune dans une discipline.

Au milieu du XIIIe siècle, l'université de Paris dispose de privilèges importants. Si elle s'estime attaquée, elle peut en appeler directement au pape. Le droit de grève lui est accordé. Elle a tout pouvoir pour délivrer des diplômes et des grades.

Le chef de l'université, le doyen, est élu par les recteurs, responsables des différentes facultés. Les élèves sont rangés par « nations », en fonction de leur pays d'origine. Entre 14 et 20 ans, ils suivent des cours à la faculté des Arts. À l'âge de 20 ans, ils passent deux épreuves : le baccalauréat et le doctorat. Jusqu'à 25 ans, ils peuvent choisir une spécialité : le droit ou la médecine.

L'université s'adresse aussi aux plus pauvres. En 1257, le maître en théologie Robert de Sorbon fonde un collège pour loger les étudiants démunis. C'est le collège de la Sorbonne !

Enluminure, vers 1490, bibliothèque de Troyes.
Le collège de Sorbon, bientôt appelé la Sorbonne, est fondé en 1257 sur les pentes de la montagne Sainte-Geneviève, devant les Thermes. Il devient rapidement la plus importante faculté de théologie de Paris : 10 000 étudiants y suivent des cours.

>> **www.univ-paris1.fr/universite/ historique/article166.html**

1119 Fondation de l'université de Bologne.

1150

1200 Fondation de l'université de Paris.

1231 L'université de Paris est reconnue par le pape.

1257 Fondation du collège de la Sorbonne.

1226-1270

Saint Louis, le meilleur des rois de France

QUI EST-IL ? Un roi partout cité en exemple

À la mort de son père Louis VIII en 1226, un jeune garçon d'à peine 12 ans, blond au visage d'ange, est sacré roi sous le nom de Louis IX. Sa mère, Blanche de Castille, assure une régence énergique et lui donne une éducation très stricte.

Grâce à sa piété et à son sens de la justice, le jeune homme parvient rapidement à se faire respecter. Honoré par ses propres ennemis, il devient l'arbitre des conflits en Europe et sa réputation dépasse les limites de la France !

UN RÈGNE CLÉ

Plus qu'aucun roi, Louis IX a su créer dans le cœur de tous les Français un profond sentiment de respect et d'amour pour la royauté capétienne. C'est à partir de son règne que la couronne de France porte huit fleurs de lys, symboles de pureté...

L'ÉVÉNEMENT : L'unité morale du royaume

Louis IX commence par briser la révolte des grands seigneurs et n'hésite pas à les punir s'il le faut. En mettant fin aux guerres privées, le roi permet la prospérité et l'expansion économique. Il est aussi l'ami des pauvres et des malades, auxquels il porte assistance. Selon la légende, le sacre lui a transmis le pouvoir de guérir les écrouelles, une maladie de la peau. Il fonde des hôpitaux, notamment les Quinze-Vingts à Paris conçus pour accueillir 300 aveugles. D'une grande piété, Louis IX fait édifier un joyau de l'architecture gothique, la Sainte-Chapelle, pour abriter la couronne d'épines du Christ.

Seule la guerre contre les infidèles paraît légitime au roi. C'est pourquoi il dirige lui-même la septième et la huitième croisade. Au cours de cette dernière, il meurt du typhus en 1270 sous les remparts de Tunis. C'est la fin des croisades, et du rêve des Occidentaux de reconquérir les lieux saints.

Pourtant, Louis IX laisse un royaume au prestige moral incontesté. Canonisé par l'Église dès 1297, il reste dans l'Histoire sous le nom de Saint Louis.

Miniature de Louis Mahiet extraite de *Vie et miracles de Saint Louis* par Guillaume de Saint-Pathus, début du XIVe siècle, BNF, Paris.
L'un des barons de Louis IX, Enguerrand IV de Coucy, avait, en 1259, fait pendre trois hommes qui chassaient sur ses terres. À la demande de leurs familles, Saint Louis convoqua le baron, le menaça de la peine capitale et finit par le condamner à une énorme amende.

> > **chrisagde.free.fr/capet/capetiens.htm**

1226 Louis IX monte sur le trône.

1248 Septième croisade. Louis IX en Égypte.

1259 Paix avec le roi Henri III d'Angleterre.

1270 Louis IX meurt de la peste à Tunis.

1230

1240

1302

La réunion des états généraux par Philippe le Bel

Lors de son différend avec le pape, Philippe IV convoque les états généraux dans la cathédrale Notre-Dame. Grand, bel homme, blond, doté d'une force physique peu commune, le roi sait ce qu'il veut. Mais il est également froid, taciturne, cruel et aussi majestueux que redoutable.

>> perso.wanadoo.fr/jean-francois.mangin/capetiens/capetiens_7.htm

UNE DATE CLÉ
La victoire du roi de France sur la papauté est incontestable. Dorénavant les papes seront tenus à l'écart des affaires intérieures du royaume. Ils résideront à Avignon dans le Midi sous l'influence directe de la monarchie française pendant plus de cent ans !

LE CONTEXTE :
Le « roi de fer »

Petit-fils de Saint Louis, Philippe IV règne avec fermeté de 1285 à 1314, d'où son surnom de « roi de fer ». Il sait s'entourer d'excellents conseillers, les légistes, qui connaissent parfaitement le droit et les lois. Le roi devient la loi personnifiée et affirme posséder un pouvoir absolu.

Pour trouver l'argent nécessaire à ses nombreuses réformes, le roi lève les premiers impôts royaux. Il chasse les banquiers italiens et fait condamner l'ordre des Templiers afin de s'emparer de ses richesses.

L'ÉVÉNEMENT :
Le conflit avec le pape

Depuis 1296, Philippe IV le Bel est en conflit avec le pape Boniface VIII, un vieillard arrogant. Le roi souhaite que le riche clergé paie un impôt, la décime. Le pape entend imposer au Capétien l'autorité et la supériorité de Rome. Pour le roi de France, il est hors de question que le pape lui dicte sa conduite. Afin de renforcer l'unité de son royaume et l'adhésion de ses sujets à sa politique, Philippe IV le Bel convoque les nobles, les évêques et les bourgeois des villes à des « états généraux ».

Pour la première fois un souverain français tient compte de « l'opinion publique » du royaume. Il ne se contente pas, comme ses prédécesseurs, de convoquer séparément les différentes catégories sociales afin de leur demander aide ou conseil. Ce sont les trois ordres du royaume qui sont réunis à Notre-Dame de Paris, le 10 avril 1302. Devant près d'un millier de participants, Philippe IV rappelle solennellement qu'il tient son royaume de Dieu et non du pape. L'année suivante, l'envoyé de Philippe le Bel gifle le pape à Anagni près de Rome. Cette humiliation fait perdre la raison au pape qui meurt peu après. En 1305, le roi réussit à faire élire un pape français, Clément V.

1301 Boniface VIII défie Philippe IV.

1302 Réunion des états généraux.

1303 « Attentat » d'Anagni contre le pape.

1304

1305 Élection du pape français Clément V.

1337

Le début de la guerre de Cent Ans

La bataille de Crécy se déroule dans une confusion totale. Les charges fougueuses et désordonnées des chevaliers français ne peuvent résister aux pluies de flèches des archers gallois. Les soldats anglais désarçonnent et tuent les cavaliers incapables de se relever sous le poids de leurs armures.

> > duguesclin.free.fr/guerre_de_cent_ans/page/guerre_cent_ans.html

UNE DATE CLÉ

Durant 116 ans, de 1337 à 1453, cinq rois de France, cinq rois d'Angleterre et trois générations de sujets s'affrontent dans une lutte acharnée marquée par des combats, des pillages, des famines et des révoltes populaires. C'est le plus long conflit du Moyen Âge. Mais, de temps à autre, la guerre est interrompue par de courtes périodes de trêves.

POURQUOI ? Une guerre inévitable

Quand le dernier fils de Philippe IV meurt en 1328 sans héritier mâle, la lignée des Capétiens directs s'éteint. Les grands du royaume choisissent alors Philippe de Valois, le cousin germain de Charles IV. C'est la naissance d'une nouvelle dynastie : les Valois.

En Angleterre, Édouard III, petit-fils par sa mère de Philippe IV le Bel, est furieux. Il affirme être le véritable héritier du royaume de France. Mais l'une des lois fondamentales du royaume exclut du trône de France les femmes et leurs descendants. En 1337, Édouard III d'Angleterre décide d'envahir la France…

LES ÉVÉNEMENTS : De désastre en désastre

Philippe VI de Valois (1293-1350) subit une série de terribles défaites. Alors qu'Édouard III organise une véritable armée nationale permanente, la France en est restée à la levée de l'ost (l'armée féodale) pour une durée limitée.

À Crécy en 1346, la chevalerie française, indisciplinée et mal commandée, affronte les troupes anglaises bien organisées. Édouard III, connaissant la faiblesse numérique de son armée, préfère attendre l'attaque ennemie et choisit pour cela une solide position défensive.

Les chevaliers français chargent dans une cohue indescriptible. Ils piétinent même les arbalétriers génois, ces troupes mercenaires à la solde du roi de France ! En face, les archers anglais font preuve d'une précision et d'une rapidité étonnantes : ils décochent dix flèches à la minute ! Un à un, les chevaliers tombent sous cette pluie de traits. C'est un véritable massacre.

Après la victoire, Édouard III se dirige vers Calais, dont il s'empare malgré la résistance héroïque de sa population. Pendant plus de 200 ans, Calais restera une ville anglaise.

1328 Mort de Charles IV, dernier Capétien direct.

1330

1337 Début de la guerre de Cent Ans.

1340 Destruction de la flotte française lors de la bataille de l'Écluse.

1346 Défaite des armées françaises à Crécy face aux Anglais.

1347 Prise de Calais par Édouard III.

1348

La grande peste ravage la France

LE CONTEXTE : De l'Asie centrale à l'Europe

Un jour de septembre 1347, des navires génois venant de la mer Noire débarquent leurs cargaisons de céréales en Sicile. Dans les semaines qui suivent, de nombreux Siciliens meurent subitement. Les médecins sont formels : c'est une épidémie de peste ! La maladie a parcouru des milliers de kilomètres depuis l'Asie centrale où elle est apparue neuf ans plus tôt. Les principaux responsables sont les rats qui ont voyagé dans la cale des navires, au milieu des sacs de grains.

UN DRAME CLÉ

Après cette catastrophe, toute l'Europe est traumatisée. La mort est partout présente, sur les tableaux, les statues et dans les livres : elle est représentée sous les traits de squelettes dansants, habillés comme des clercs, des nobles ou des paysans. Une idée domine : nul ne peut échapper à la mort !

L'ÉVÉNEMENT : Une épidémie foudroyante

La peste est mortelle à 80 % voire à 100 %. Elle s'attrape très facilement, par la piqûre d'une puce contaminée ou bien par la salive et les postillons. Les malades, qui ont beaucoup de fièvre, une toux persistante et un gros bouton à l'aine ou sous les aisselles, meurent en quelques jours…

La peste se répand donc à une vitesse foudroyante.

En décembre 1347, elle ravage Marseille, la Provence, puis le Languedoc et l'Aquitaine. L'épidémie se développe d'autant plus rapidement que les populations de ces régions ont été frappées par de terribles famines les deux années précédentes. De plus, la France connaît depuis trente ans des hivers très rigoureux qui ont affaibli ses habitants.

La peste suit le Rhône et remonte vers le nord de la France : Paris est touché en août 1348 ! C'est bientôt toute l'Europe qui est ravagée. Seules quelques régions sont épargnées, notamment les montagnes du Pays basque.

À la fin de l'épidémie, la France a perdu environ le tiers de sa population, soit 6 millions d'habitants.

Enluminure flamande, 1352, Bibliothèque royale, Bruxelles.
Les habitants de Tournai enterrent leurs morts, victimes de la peste. Ce travail pénible et dangereux est souvent effectué par des condamnés à mort, les « enterreurs ». Lorsque les cercueils viennent à manquer, on se contente d'enrouler les cadavres dans un linge avant de les mettre en terre.

1338 – La peste apparaît en Asie centrale.

1340

1345

1347 – La Sicile puis le sud de la France frappés par la peste.

1348 – Paris est touché par la peste.

1356

Jean II le Bon fait prisonnier par les Anglais

Tableau de l'École de Paris, 1359, musée du Louvre, Paris. Ce tableau est considéré comme le plus ancien portrait de la peinture française. Il est aussi, en Europe, le premier exemple conservé de représentation individuelle de profil. Jean connaît un règne difficile marqué par sa défaite à Poitiers et sa captivité à Londres. Ces événements provoquent une violente crise de confiance dans le royaume.

QUI EST-IL ? Un roi très médiocre

En 1350, Philippe VI meurt en laissant son trône à son fils, Jean II, appelé « le Bon » car il est brave et chevaleresque. Mais le nouveau souverain n'en est pas moins orgueilleux et impulsif. Après six ans de trêve, la guerre reprend…

L'ÉVÉNEMENT : Le désastre de Poitiers

En 1356, le fils aîné du roi d'Angleterre Édouard III, le Prince Noir (surnommé ainsi à cause de sa superbe armure noire), ravage le Poitou. Le 19 septembre, Jean II vient l'attaquer près de Poitiers.
Les Anglais, inférieurs en nombre, mettent à profit une trêve d'une journée pour renforcer leurs positions sur le plateau de Maupertuis. Jean II décide pourtant de faire charger sa cavalerie qui essuie une pluie de flèches. Le roi est vite encerclé. Il combat vaillamment, secondé avec courage par son troisième fils, Philippe le Hardi, qui hurle à ses côtés : *« Père, gardez-vous à gauche ! Père, gardez-vous à droite ! »* Mais le désastre est total.
Jean II est fait prisonnier et emmené en captivité à Londres. Comme rançon, Édouard III réclame tout le sud-ouest de la France et 3 millions d'écus d'or.
La paix est signée à Brétigny, près de Chartres, le 8 mai 1360. Édouard III renonce à la couronne de France, mais reçoit en échange plus d'un quart du royaume : le Poitou, le Limousin, le Périgord, la Guyenne, Calais et le Ponthieu deviennent anglais.
Le roi Jean est libéré et regagne Paris le 13 décembre, mais deux de ses fils sont gardés en otages pour garantir l'exécution du traité.
Bientôt, l'un d'eux, Louis d'Anjou, s'évade de sa prison anglaise et va retrouver sa jeune épouse. Pour être fidèle à sa parole, Jean II décide de se constituer prisonnier et retourne à Londres en janvier 1364. Il y meurt quelques mois plus tard.

UNE DATE CLÉ

La défaite de Poitiers plonge le royaume dans le désordre et l'anarchie.
Heureusement le fils aîné de Jean, le dauphin Charles, est parvenu à fuir le champ de bataille.
C'est ce jeune homme courageux de 18 ans, devenu lieutenant du royaume, qui assure la régence pendant la captivité du roi et prend en charge le royaume.

1350 Sacre de Jean II le Bon à Reims.

1355 Reprise de la guerre. Le Prince Noir, fils d'Édouard III, attaque le Languedoc.

1356 Jean II est fait prisonnier par les Anglais lors de la défaite de Poitiers.

1360 Traité de Brétigny. Jean II rentre en France.

1360

La création du franc

POURQUOI ? Une nouvelle monnaie

Depuis le règne de Philippe IV, le royaume connaît de graves désordres monétaires : dévaluations et réévaluations se succèdent, notamment sous les deux premiers Valois. Conseillé par Nicole Oresme, le futur Charles V veut instaurer une monnaie stable, garantissant le pouvoir du souverain. Elle viendrait en complément de l'écu d'or introduit par Saint Louis au siècle précédent, et de la livre tournois en argent.

UNE DATE CLÉ

Malgré la guerre, le franc restera stable pendant plus d'une cinquantaine d'années. Il garantira la stabilité de la vie économique. Désormais et jusqu'à la fin de l'Ancien Régime, malgré une dévaluation de la livre et les mutations du franc, livre et franc resteront synonymes.

L'ÉVÉNEMENT : La rançon de Jean II le Bon

La rançon réclamée par Édouard III s'élève à 3 millions d'écus (soit 12,5 tonnes d'or !). Le roi Jean II le Bon négocie sa libération contre le versement d'un acompte de 400 000 livres. Il obtient 600 000 livres en mariant sa fille Isabelle à un riche marchand milanais, Galéas Visconti, et s'engage à verser le reste de la somme due aux Anglais.

Le 5 décembre 1360, le roi signe l'ordonnance de Compiègne qui crée une nouvelle monnaie, le franc. Comme cette pièce d'or servira à payer la rançon, elle est appelée la pièce « franche », c'est-à-dire libératrice. L'ordonnance prévoit la frappe d'une pièce pesant 3,88 grammes d'or pur et ayant très exactement la même valeur que la monnaie existante, la livre tournois. La pièce représente le roi en habit de chevalier sur un cheval au galop.

Le « franc à cheval », BNF, Paris.
Le « franc à cheval » frappé en 1360 est le premier exemplaire connu du franc. Il équivaut à une livre tournois. Il représente le roi en armure levant l'épée et, au revers, une croix feuillue ornée de quatre arcs de cercle égaux disposés autour d'un cœur. La pièce porte comme légende *Johanes Dei Gratia Rex francorum* : « Jean, par la grâce de Dieu, roi des Francs ».

> > **www.musee-moyenage.fr**

1358 — Le dauphin Charles devient régent.

1360 — Ordonnance de Compiègne instaurant l'impôt et le franc.

1363 — Jean II donne le duché de Bourgogne à son fils Philippe le Hardi.

1364 — Mort de Jean II le Bon à Londres. Son fils Charles lui succède.

1380

À la mort de Charles V, les Anglais tenus en échec

Miniature extraite des *Très Riches Heures du duc de Berry*, XVe siècle, musée Condé, Chantilly.
Cette miniature représente le château royal du Louvre à l'époque de Charles V. Dans la tour, appelée alors « tour de la Librairie », le roi constitua une bibliothèque d'environ 900 volumes.

> > **www.bnf.fr/enluminures/texte/tx1_01.htm**

QUI EST-IL ? Charles V le Sage

À la mort de son père Jean le Bon, en 1364, le dauphin Charles accède au trône dans des conditions désastreuses. Le traité de Brétigny a en effet complètement démembré le royaume. Pourtant, dès son couronnement sous le nom de Charles V, le nouveau roi se révèle un remarquable homme d'État.

L'ÉVÉNEMENT : Un roi savant et conquérant

Peu doué pour les batailles, pâle et délicat, mais travailleur et patient, Charles V est l'un des monarques les plus cultivés de l'Occident médiéval. Son immense soif de savoir, son amour pour l'étude et les beaux manuscrits le poussent à fonder une bibliothèque qui deviendra la Bibliothèque nationale.

Il veut que la monarchie apparaisse aux yeux du peuple entourée d'une splendeur sans égale. Il fait construire des résidences comme l'hôtel Saint-Pol, transformer le vieux donjon du Louvre en palais et bâtir de gigantesques forteresses comme la Bastille.

Charles V reconquiert progressivement tous les territoires perdus, grâce à son excellent général, Bertrand Du Guesclin. Ce chevalier modèle mène contre les Anglais une lutte sans merci. Rusé, il préfère les embuscades aux grandes batailles rangées.

Sur ordre de Charles V, Du Guesclin débarrasse le royaume des « Grandes Compagnies », ces bandes de mercenaires qui pillent les villes et les campagnes pour leur propre compte. Nommé connétable des armées du roi, il parvient à chasser les Anglais du Poitou, de la Normandie, de la Guyenne et de la Saintonge.

UNE DATE CLÉ :

En 1380, à la mort de Charles V et de Du Guesclin, le royaume est redressé. Les Anglais n'occupent plus que Calais et une étroite bande de terre de Bordeaux à Bayonne. En récompense de ses immenses services, Du Guesclin est enterré dans la basilique de Saint-Denis auprès des rois de France.

1364 Sacre de Charles V à Reims.

1365

1370 Du Guesclin devient connétable.

1375

1380 Mort de Du Guesclin lors d'un siège en Auvergne. Mort de Charles V.

25 octobre 1415

Le désastre de la chevalerie française à Azincourt

LE CONTEXTE : Les nouveaux malheurs de la France

À la mort de Charles V, son fils devient roi sous le nom de Charles VI. Mais, en 1392, le souverain sombre subitement dans la folie. Le royaume est alors gouverné par les oncles de Charles VI qui s'affrontent dans une véritable guerre civile, la querelle des Armagnacs et des Bourguignons. Profitant de ces troubles, le roi d'Angleterre Henri V exige la couronne de France et demande la main d'une des filles de Charles VI. La reprise des hostilités semble inévitable…

UNE DATE CLÉ

En 1420, la reine de France, Isabeau de Bavière, livre aux Anglais le royaume en déshéritant son propre fils, le jeune Charles VII. Elle reconnaît Henri V d'Angleterre comme héritier du roi de France. Ce sont les jours les plus sombres de la guerre de Cent Ans…

L'ÉVÉNEMENT : La boue d'Azincourt

Après la perte de la Normandie durant l'été 1415, Charles VI fait rassembler une armée de près de 20 000 hommes. Malgré l'écrasante supériorité numérique des troupes françaises, le roi d'Angleterre accepte le combat. Mais il choisit le lieu : près du château d'Azincourt, sur un terrain qui lui est favorable, dans un site étroit et détrempé par la pluie.

Le matin du 25 octobre, les chevaliers français s'élancent en se bousculant pour être en première ligne. Les Anglais, parfaitement disciplinés, sont retranchés derrière des pieux enfoncés dans le sol et destinés à faire obstacle à la cavalerie ennemie. Dans une confusion totale, les Français criblés de flèches s'embourbent et s'empalent sur les pieux. Les chevaliers finissent par se replier, écrasant au passage le gros de leurs fantassins qui se sont mis enfin en mouvement.

Après seulement trois heures de combat, quelque 4 000 chevaliers français ont déjà été tués, alors que les Anglais ne relèveront que 1 500 morts.

Enluminure extraite de l'*Abrégé de la Chronique d'Enguerrand de Monstrelet*, XVe siècle, BNF, Paris.
Les troupes sont rangées en ordre serré sur un champ de bataille étroit et boueux. Parmi les étendards, figurent le lys français et les léopards anglais. Avant de s'affronter, les combattants passeront plusieurs heures à s'observer.

1392 Première crise de folie de Charles VI près du Mans.

1400

1415 Défaite de la chevalerie française à Azincourt face aux Anglais.

1418 Paris se livre aux Bourguignons.

1420 Traité de Troyes : le dauphin perd le trône de France.

1429

Jeanne d'Arc sauve la France

Tableau de Frank Craig, 1907, musée d'Orsay, Paris.
Jeanne d'Arc chargeant à la tête de son armée. Excellente cavalière, la jeune fille tient à la main son immense étendard blanc. Celui-ci porte l'inscription *Jhesus Maria* ainsi qu'une représentation du Christ bénissant une fleur de lys tenue par un ange.

>> **www.jeanne-darc.com**

LES ÉVÉNEMENTS :
La pucelle d'Orléans

Née à Domrémy en Lorraine, Jeanne, une bergère de 17 ans, dit être l'envoyée de Dieu. Elle entend des voix qui lui ordonnent de quitter son village, de faire sacrer le dauphin à Reims et de « *bouter les Anglois hors de France* ».
En 1429, Jeanne réussit à rencontrer le futur Charles VII et à lui redonner confiance. Il lui confie alors une petite armée pour délivrer Orléans assiégée. Elle parvient, par la parole et l'exemple, à réveiller l'ardeur des Français et à démoraliser les Anglais qui la prennent pour une magicienne…
En huit jours, Jeanne oblige les Anglais à lever le siège de la ville qui durait depuis huit mois. Après la victoire de Patay, la route de la cathédrale de Reims est ouverte, le dauphin peut enfin être sacré roi de France. Le 17 juillet 1429, c'est dans la glorieuse basilique des rois de France que Charles est couronné. Désormais, Charles tient son pouvoir directement de Dieu. Sa légitimité est établie.
Cependant en mai 1430, alors que Jeanne défend Compiègne, elle est faite prisonnière par les Bourguignons qui la vendent aux Anglais. Après un procès truqué, elle est condamnée par un tribunal ecclésiastique à être brûlée vive comme sorcière. Elle meurt le 30 mai 1431, place du Vieux-Marché à Rouen.

UNE DATE CLÉ

La mort de Jeanne ne profite pas aux Anglais, bien au contraire ! La jeune fille a éveillé en France un véritable sentiment patriotique. Grâce à l'union de son peuple, Charles VII réussit à chasser définitivement les Anglais.

POURQUOI ?
Un royaume de France déchiré

À la mort du roi Charles VI le Fou en 1422, il y a deux souverains en France : Henri VI d'Angleterre installé à Paris et Charles VII réfugié à Bourges.
Comme ce dernier règne sur un petit territoire situé au sud de la Loire, on le nomme par dérision le « petit roi de Bourges ». Sa propre mère, la reine Isabeau, met en doute sa légitimité et l'appelle le « soi-disant dauphin »… Le futur Charles VII doit aussi compter avec le duc de Bourgogne, allié aux Anglais, qui s'empare sans cesse de nouvelles terres.

1422 Mort de Charles VI.

1425

1429 Jeanne d'Arc délivre Orléans. Sacre de Charles VII.

1430 Jeanne d'Arc capturée par les Bourguignons devant Compiègne.

1431 Exécution de Jeanne d'Arc à Rouen.

1453

La fin de la guerre de Cent Ans

POURQUOI ? La première armée permanente française

Charles VII organise le premier noyau d'une armée royale régulière. Pour entretenir ces 12 000 hommes, il instaure le paiement d'impôts permanents comme la taille.

En 1445, il se dote d'une bonne cavalerie, les Compagnies d'ordonnance, ainsi que d'une forte artillerie. Sûr de son armée, Charles VII peut reprendre le combat en 1449.

L'ÉVÉNEMENT : La dernière grande bataille

La victoire de Formigny, en 1450, permet à Charles VII de récupérer la Normandie. Au printemps 1451, il menace Bordeaux. Tandis qu'à Londres le faible Henri VI est confronté à la révolte de sa noblesse, les troupes anglaises, commandées par le vénérable John Talbot, âgé de 80 ans, décident d'attaquer l'armée française qui assiège la ville de Castillon, en Aquitaine.
Le 17 juillet 1453, les Français, surpris par l'assaut, se replient à la hâte dans leur camp fortifié. Croyant à une fuite, Talbot ordonne alors à sa cavalerie de charger. Au même moment, les 300 pièces de l'artillerie française mitraillent l'adversaire. Les Français ouvrent les barrières de leur retranchement et passent à l'attaque.
À cet instant, deux détachements français, jusque-là embusqués sur les hauteurs de Castillon, fondent sur les assaillants qui se trouvent bientôt pris en tenaille. Le choc est terrible.
Les Anglais subissent un véritable carnage. En six heures, ils perdent 4 000 hommes, Talbot et son fils sont tués. Talbot disparu, toutes les places tenues par les Anglais capitulent l'une après l'autre. Bordeaux se rend sans effusion de sang le 19 octobre suivant.

UNE DATE CLÉ

Le « petit roi de Bourges » devient « Charles le Victorieux ».
Il récupère enfin la Guyenne que les rois d'Angleterre possédaient depuis trois siècles.
Les Anglais sont définitivement chassés du royaume. Seule Calais reste encore entre leurs mains. Cependant aucun traité ne met officiellement fin à la guerre.
La paix ne sera signée qu'en 1475, sous Louis XI, à Picquigny.

Tableau de Charles-Philippe Larivière, 1838, Versailles.
La mort de lord Talbot. En fait, la mort du général anglais ne s'est pas déroulée ainsi. Lors de la bataille, son cheval fut tué par l'un des canons de l'excellente artillerie française des frères Bureau. Projeté à terre, le général fut facilement achevé par un soldat français avant que ses écuyers aient pu lui porter secours.

>> **www.batailledecastillon.com**

1437 — Charles VII entre à Paris.

1440

1450 — Victoire de Charles VII à Formigny contre les Anglais.

1453 — Victoire de Castillon-la-Bataille contre l'Angleterre.

1461 — Mort de Charles VII. Louis XI devient roi de France.

9-14 octobre 1468

Louis XI rencontre Charles le Téméraire

Gravure du XIXe siècle. Le 9 octobre 1468, Louis XI se rend auprès de Charles le Téméraire, alors établi à Péronne sur les rives de la Somme. Les deux souverains commencent à négocier. Mais le roi de France ne sait pas encore qu'il vient de tomber dans un piège…

UNE DATE CLÉ

Louis XI a été humilié à Péronne, mais il se vengera après la mort de Charles le Téméraire en 1477. Il récupérera ainsi, en 1482, le duché de Bourgogne et les villes de la Somme.

QUI EST-IL ?
Louis XI, « l'araignée »

À la mort du roi Charles VII en 1461, son fils lui succède sous le nom de Louis XI. Le nouveau souverain affronte une coalition de princes mécontents. Pour imposer son autorité, il se montre rusé et implacable à tel point qu'on le surnomme « l'universelle araignée ». Mais il se heurte dès 1467 au nouveau duc de Bourgogne, Charles le Téméraire, bien décidé à fonder un vaste royaume aux dépens de la France et de l'Empire germanique.

L'ÉVÉNEMENT :
Louis XI piégé à Péronne !

Charles le Téméraire multiplie les alliances contre la France. Il s'est associé au duc de Bretagne et à Charles de Berry, le propre frère du roi de France. Il s'est même allié à l'Angleterre en épousant Marguerite d'York.

Encerclé, Louis XI espère affaiblir son adversaire en encourageant la révolte des Liégeois contre le pouvoir bourguignon. Mais il veut aussi négocier avec lui. Le 9 octobre 1468, Charles le Téméraire accueille, dans le château de Péronne, le roi de France qui vient sans son armée, mais sous bonne escorte. Les deux souverains entament alors des négociations. Mais le duc de Bourgogne a pris soin de fermer les portes de Péronne. Le roi de France est bientôt prisonnier !

Au même moment, Charles le Téméraire apprend que Liège s'est une nouvelle fois soulevée contre lui. Aussitôt, il accuse Louis XI d'avoir orchestré cette rébellion. Le roi de France n'a pas le choix ; il est contraint d'accepter les conditions de son adversaire. Il s'engage à cesser toute guerre contre la Bourgogne, et cède la Champagne à Charles de Berry. Il est même obligé d'assister à la répression de la révolte de Liège.

- **1461** Sacre de Louis XI, roi de France.
- **1467** Charles le Téméraire devient duc de Bourgogne.
- **1468** Louis XI rencontre Charles le Téméraire.
- **1470**
- **1475** Traité de Picquigny qui met fin à la guerre de Cent Ans.
- **1477** Mort de Charles le Téméraire.

1491-1532

La Bretagne est rattachée à la France

LE CONTEXTE :
Un duché divisé

Au XVe siècle, le duché de Bretagne est indépendant. Il dispose de sa propre armée, de sa propre monnaie et de sa propre administration. Mais les nobles bretons sont profondément divisés. Certains servent le roi de France et veulent maintenir de bons rapports avec lui. D'autres se montrent beaucoup plus méfiants.

L'ÉVÉNEMENT :
Une affaire de mariages !

Profitant de la situation, le roi de France Charles VIII parvient en 1488 à conquérir une partie de la Bretagne. Il consent à retirer ses troupes à condition que François II, le duc de Bretagne, ne marie aucun de ses enfants sans son autorisation.
Mais à la mort de François II, sa fille Anne, prête à tout pour conserver l'indépendance de son duché, épouse Maximilien de Habsbourg, sans l'autorisation du roi.
Charles VIII conquiert alors en 1491 toute la Bretagne… sauf la ville de Rennes où s'est réfugiée la duchesse. Un accord est finalement trouvé : Anne accepte de se séparer de Maximilien et d'épouser Charles VIII. Après la mort de ce dernier, elle se remarie avec son successeur, Louis XII, qui lui garantit l'indépendance de la Bretagne.
L'héritière d'Anne, Claude de France, se marie avec François d'Angoulême qui devient, en 1515, roi de France, sous le nom de François Ier. Il parvient à convaincre son épouse de lui donner en cadeau… la Bretagne ! Une fois l'accord des États de Bretagne obtenu, l'édit de rattachement est signé le 13 août 1532 à Nantes.

Après avoir fait annuler son union avec l'archiduc d'Autriche Maximilien, la duchesse de Bretagne épouse le roi de France Charles VIII, le 6 décembre 1491 à Langeais. Le contrat de mariage prévoit que si le roi meurt sans héritier, elle devra s'unir à son successeur.

UNE DATE CLÉ

François Ier s'est engagé à « respecter les droits, les libertés et les privilèges » de la nouvelle province. La Bretagne partage désormais le destin de la France, ce qui ne l'empêchera pas de se révolter à plusieurs reprises contre l'autorité royale.

1488 – Défaite du duc de Bretagne face au roi Charles VIII.
1489 – Anne devient duchesse de Bretagne.
1491 – Mariage de Charles VIII et Anne de Bretagne.
1514 – Mort d'Anne de Bretagne. Mariage de François d'Angoulême et Claude de France.
1515 – François Ier, roi de France.
1520
1532 – Rattachement du duché de Bretagne à la France.

1519

La construction du château de Chambord par François Ier

Le château de Chambord est célèbre pour son double escalier à vis. Mais les parties hautes du château sont tout aussi spectaculaires. Les terrasses sont hérissées de cheminées, de lanternes, de tourelles et de petits toits.

> > **www.chambord.org**

UNE PÉRIODE CLÉ

François Ier apparaît comme le symbole de la Renaissance française. Il a permis le développement en France d'un vaste mouvement artistique influencé par l'Italie. Il a aussi encouragé la diffusion des idées nouvelles.

LE CONTEXTE : L'influence de l'Italie

Depuis la fin du XVe siècle, les rois de France ont mené de nombreuses campagnes militaires en Italie. Ils ont été éblouis par la beauté des palais, des œuvres d'art et des jardins. Ils en sont revenus avec des tableaux, des statues, et accompagnés d'artistes et d'architectes italiens.
Charles VIII puis Louis XII vont s'inspirer de la Renaissance italienne pour décorer leurs châteaux du Val de Loire.

L'ÉVÉNEMENT : François Ier, le bâtisseur

François Ier, voulant être lui aussi un prince de la Renaissance, lance une série de grands travaux dans la vallée de la Loire, là où il a passé une partie de son enfance.
Il fait aménager le château d'Amboise puis celui de Blois. En 1516, il invite l'artiste et inventeur italien Léonard de Vinci, qui l'aide à concevoir les plans de son nouveau projet : le château de Chambord !
Les travaux, commencés le 6 septembre 1519 sous la direction du maître maçon Jacques Sourdeau, réunissent jusqu'à 1 800 ouvriers et durent quatre ans. Le résultat est grandiose. Avec ses puissantes tours, Chambord rappelle les châteaux du Moyen Âge. Sa symétrie et sa décoration évoquent plutôt l'Italie tandis que ses parties hautes sont inspirées par l'art gothique.
François Ier s'intéresse aussi aux humanistes, ces savants passionnés par l'Antiquité, la philosophie, les sciences et l'éducation. Il nomme l'un d'eux, Guillaume Budé, directeur du Collège royal, l'ancêtre du Collège de France. Enfin, il favorise le développement de l'imprimerie, inventée vers 1450 par l'Allemand Gutenberg.

1494

1507 — Léonard de Vinci peint la *Joconde*.

1515 — Victoire de Marignan. François Ier, roi de France.

1516

1519 — Début de la construction du château de Chambord.

LES GUERRES D'ITALIE

1534

L'expédition de Jacques Cartier au Canada

POURQUOI ? À la recherche du « passage du Nord »

Les rois de France mettent du temps à s'intéresser aux grandes découvertes. Depuis le traité de Tordesillas en 1494, Portugais et Espagnols se partagent déjà l'Amérique du Sud. C'est François Ier qui encourage les premières expéditions françaises vers l'Amérique. De nombreux navigateurs sont à la recherche d'un « passage du Nord » qui mènerait de l'Europe à la Chine, par le nord de l'Amérique…

Le 24 juillet 1534, le navigateur français prend symboliquement possession du territoire canadien au nom du roi de France, François Ier, en faisant planter sur le rivage une croix ornée d'un blason à fleurs de lys.

L'ÉVÉNEMENT : Des Français en Amérique

Au début du XVIe siècle, l'Amérique du Nord est largement inconnue. Seule l'île de Terre-Neuve a été découverte, en 1497, par l'Italien Jean Cabot, naviguant sous le pavillon anglais. À partir de 1524, l'Italien Verrazzano, au service de la France, explore les côtes de l'Amérique du Nord.

François Ier veut aller plus loin. Il confie au marin breton Jacques Cartier la mission de trouver un passage vers l'Asie, réputée pour ses richesses.

À la tête de deux navires, Cartier quitte Saint-Malo le 20 avril 1534. Vingt jours plus tard, il explore Terre-Neuve. Et le 24 juillet 1534, il jette l'ancre à Honguedo, l'actuelle ville de Gaspé, au Québec (Canada).

Après un premier retour en France, Cartier repart en mai 1535, et remonte le fleuve Saint-Laurent. Il fonde un poste, Sainte-Croix, à l'emplacement de la future ville de Québec. Déçu de ne pas avoir trouvé le « passage du Nord », il revient en France en 1536.

Cinq ans plus tard, Cartier reprend la mer, chargé d'une nouvelle mission : fonder une province française en Amérique du Nord ! Mais il ne parvient à établir que quelques postes et une petite colonie, Charles-Bourg.

UNE DÉCOUVERTE CLÉ

Les expéditions de Jacques Cartier apparaissent d'abord comme des échecs. La « Nouvelle-France » ne sera en effet fondée qu'un siècle plus tard, par Champlain (1608). Mais pour tous, Cartier reste aujourd'hui le grand découvreur du Canada.

1492 – Découverte de l'Amérique par Christophe Colomb.

1494 – Traité de Tordesillas partageant le monde entre Espagnols et Portugais.

1534 – Première expédition de Jacques Cartier au Canada.

1550

1570

1608 – Fondation du Québec par Samuel Champlain.

1539

Le français devient la langue officielle du royaume

LE CONTEXTE : La mosaïque française

Avec ses 18 millions d'habitants, la France est le pays le plus peuplé d'Europe. C'est une véritable mosaïque de cultures et de coutumes. Au nord, on parle la langue d'oïl, et au sud, l'occitan. Ces langues comptent de nombreux parlers régionaux : le normand, l'auvergnat, le français…
Dans le domaine religieux aussi, la France est diverse. La très grande majorité du royaume est chrétienne catholique, mais il compte aussi des communautés juives et protestantes.

L'ÉVÉNEMENT : L'autorité royale

De plus en plus de Français se convertissent au protestantisme, une nouvelle Église chrétienne fondée par Luther. Au début, le roi de France, François Ier, considère avec bienveillance les protestants français, appelés huguenots. Mais en 1534, il découvre que des affiches violemment hostiles à la religion catholique ont été placardées sur les murs de Paris. Pour lui, c'est une atteinte à sa foi et à celle de son royaume ! Sa réaction est brutale : il fait arrêter plus de 200 protestants et en envoie six au bûcher.
François Ier manifeste son autorité en renforçant l'unité du royaume. Il confie à son chancelier, Guillaume Poyet, le soin de préparer une grande loi sur la population française. C'est l'ordonnance de Villers-Cotterêts d'août 1539, qui impose aux curés d'enregistrer par écrit les baptêmes et les décès de leurs paroisses. Elle ordonne aussi que tous les actes soient désormais rédigés non plus en latin mais en français.

Pour appliquer ses ordonnances dans tout le royaume, François Ier augmente le nombre des officiers royaux. Son successeur, Henri II, dépêche dans les provinces des commissaires, des hommes de confiance munis de « lettres de commission » et chargés de missions particulières pour une durée limitée. Ce sont les ancêtres des intendants du XVIIe siècle.

UNE LOI CLÉ

L'ordonnance de Villers-Cotterêts permet le développement d'une puissante administration royale. Le français devient la langue officielle du royaume.

Le 15 août 1539, François Ier signe dans le château de Villers-Cotterêts l'ordonnance qui impose l'usage de la langue française dans les documents administratifs. Au mur est accroché son blason où figure la salamandre.

>> **www.tlfq.ulaval.ca/axl/francophonie/Edit_Villers-Cotterets.htm**

1517 — FONDATION DE L'ÉGLISE PROTESTANTE PAR MARTIN LUTHER.
1521
1534 — « Affaire des Placards ».
1539 — Ordonnance de Villers-Cotterêts.
1541 — Jean Calvin fonde à Genève une nouvelle Église réformée.
1545 – 1563 — CONCILE DE TRENTE : RÉFORME CATHOLIQUE.

1559

La paix du Cateau-Cambrésis

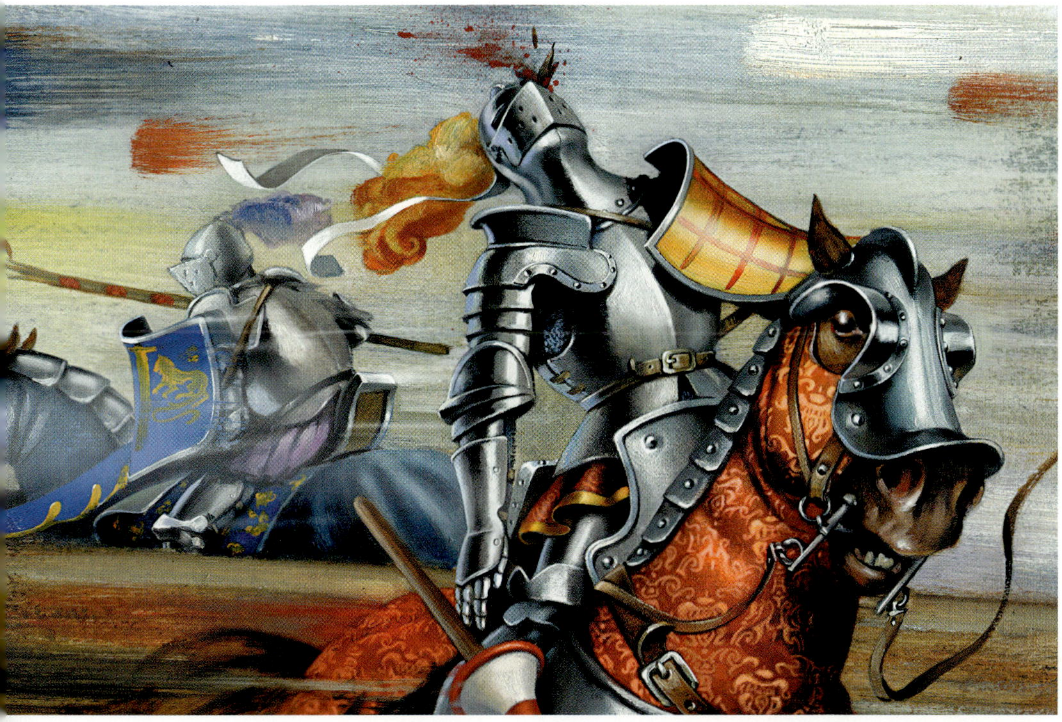

Le 30 juin 1559, Henri II est grièvement blessé lors d'une joute organisée pour célébrer la paix. La lance de son adversaire, Gabriel de Lorges de Montgomery, capitaine de la garde écossaise du roi, vient de lui transpercer l'œil. Henri II meurt le 10 juillet dans d'atroces souffrances. Mais avant, il a demandé que Montgomery ne soit pas inquiété pour les conséquences de son geste.

UN TRAITÉ CLÉ

La paix du Cateau-Cambrésis marque la fin des guerres qui ont opposé depuis 1494 la France et l'Espagne. Désormais, le roi de France va pouvoir se consacrer à une affaire intérieure : l'opposition entre catholiques et protestants.

LE CONTEXTE : La France contre l'Espagne

Depuis 1494, la France et l'Espagne se livrent une guerre sans merci pour le contrôle de l'Italie. En 1550, les Français occupent de nombreux territoires italiens, notamment la Savoie et la Corse. Mais, après le mariage, en 1554, du roi d'Espagne Philippe II et de la reine d'Angleterre Marie Tudor, le roi de France Henri II doit affronter à la fois les Espagnols et les Anglais. Ses armées sont battues par l'Espagne en 1557 à Saint-Quentin, puis en 1558, à Gravelines.

L'ÉVÉNEMENT : Le traité du Cateau-Cambrésis

La France et l'Espagne sont ruinées par 65 ans de guerre. De plus, la mort de Marie Tudor entraîne la rupture de l'alliance anglo-espagnole. Henri II, Philippe II et Élisabeth Ire, la nouvelle reine d'Angleterre, décident donc de se réunir dans la ville du Cateau-Cambrésis, près de Cambrai, pour négocier la paix.

Un premier traité, conclu avec l'Angleterre le 2 avril 1559, prévoit que la France récupérera la ville de Calais.

Le second traité, signé le 3 avril, est nettement défavorable aux Français. Henri II est contraint de restituer à Philippe II les villes de Thionville, Mariemburg, Yvoy, Damvilliers et Montmédy, et de retirer ses troupes de Savoie. Il conserve néanmoins trois villes stratégiques : Toul, Metz et Verdun. Quant à Philippe II, il doit rendre à la France une partie de la Picardie. Le traité prévoit enfin que le souverain espagnol se mariera avec Élisabeth de Valois, l'une des filles d'Henri II.

Mais le 30 juin 1559, lors d'un tournoi organisé pour célébrer la paix, Henri II reçoit en pleine face la lance de son adversaire, Montgomery. Grièvement blessé, il succombera à ses blessures, le 10 juillet, laissant un successeur, François II.

1553 Charles Quint s'empare de la Picardie.

1555

1557 Défaite des Français contre les Espagnols à Saint-Quentin.

1558 Les Français prennent Calais.

1559 2-3 *avril* : Traité du Cateau-Cambrésis / 10 *juillet* : Mort accidentelle de Henri II.

24 août 1572

Le massacre de la Saint-Barthélemy

Tableau de François Dubois, 1572, musée cantonal des Beaux-Arts de Lausanne.
Ce tableau du peintre protestant François Dubois évoque les crimes perpétrés par les catholiques lors de la Saint-Barthélemy, le 24 août 1572 : femmes enceintes éventrées, hommes décapités ou pendus. Le peintre a représenté dans la partie haute du tableau ceux qu'il considère comme les seuls responsables du massacre : Catherine de Médicis et Charles IX. En fait, l'opinion des historiens est plus nuancée.

> > **www.museeprotestant.org**

UNE DATE CLÉ

À Paris et dans les provinces, 10 000 huguenots sont morts lors de ces massacres. La date du 24 août 1572 restera à jamais gravée dans la mémoire protestante.

LE CONTEXTE :
Les guerres de Religion

En 1562, des protestants sont massacrés dans la ville de Wassy, en Champagne. Ce drame plonge la France dans une série de guerres de Religion. D'un côté, la famille des Guise tente de rassembler les catholiques, de l'autre, Louis de Bourbon, Gaspard de Coligny puis Henri de Navarre dirigent des armées protestantes. Le conflit est aussi européen, car certains huguenots veulent aider les protestants hollandais en révolte contre l'Espagne.

L'ÉVÉNEMENT :
Le massacre des protestants

En 1570, la paix de Saint-Germain met fin à la troisième guerre de Religion. Pour consolider cette paix, Henri de Navarre épouse, le 18 août 1572, la sœur du roi, Marguerite de Valois. Mais le roi Charles IX craint que les chefs huguenots prennent le pouvoir en France. Quant à sa mère Catherine de Médicis, elle est influencée par les Espagnols qui lui recommandent la plus grande fermeté à l'égard des protestants. Tout bascule en quelques jours...
Le 22 août, Coligny est victime d'un attentat, peut-être orchestré par les Guise. Au matin du 24 août, jour de la Saint-Barthélemy, Charles IX, bien décidé d'en finir avec les chefs huguenots, fait assassiner Coligny et plusieurs de ses compagnons. Ces meurtres attisent la haine des Parisiens contre les protestants. La foule se déchaîne contre les huguenots, considérés comme de dangereux hérétiques : des femmes sont éventrées, des hommes poignardés puis jetés dans la Seine.
Charles IX ne peut arrêter ces massacres qui dureront six jours : 4 000 protestants y trouvent la mort. D'autres tueries se produisent dans les provinces jusqu'au mois d'octobre.

1562 Massacre de protestants à Wassy.

1565

1570 Paix de Saint-Germain entre catholiques et protestants.

1572 18 août : Mariage d'Henri de Navarre et de Marguerite de Valois.
24 août : Massacres de la Saint-Barthélemy.

30 avril 1598

L'édit de Nantes : la paix religieuse

POURQUOI ? Henri IV, un roi pour la paix

Les Guise s'acharnent contre le nouveau roi de France Henri III qu'ils accusent de se montrer trop favorable aux protestants. À la tête d'un mouvement armé de catholiques extrémistes, la Ligue, ils parviennent en mai 1588 à s'emparer de Paris. Effrayé, Henri III fait assassiner, en décembre, Henri et Louis de Guise, mais, l'année suivante, il est tué à son tour par un partisan des Guise.

UNE DATE CLÉ

L'édit de Nantes marque la fin des guerres de Religion et la reconnaissance de la religion protestante. Mais il se heurte à de nombreuses résistances. Il faudra ainsi attendre un an avant que l'édit soit enregistré par le parlement de Paris.

L'ÉVÉNEMENT : Un texte de compromis

Avec Henri III s'éteint la dynastie des Valois. Le trône revient à son cousin protestant, Henri de Navarre, qui appartient à une autre branche des Capétiens, les Bourbons. Il devient roi sous le nom d'Henri IV. Pour se faire accepter des catholiques modérés, il se convertit en 1593 au catholicisme et se fait sacrer l'année suivante. Dans le même temps, il livre la guerre aux catholiques extrémistes et parvient, le 22 mars 1594, à prendre possession de Paris.

Henri IV veut la paix. Avec l'aide de personnalités modérées, les « Politiques », il prépare un compromis. Pendant cinq ans, il négocie avec les catholiques et les protestants. Le 30 avril 1598, un texte de loi, un édit, signé à Nantes, reconnaît enfin officiellement la religion protestante dans le royaume.

Les huguenots sont, avec les catholiques, égaux devant la loi et ils peuvent disposer en France de places de sûreté, des villes où ils ont le droit de tenir garnison. Mais cette liberté de conscience est limitée. Ils ne peuvent célébrer publiquement leur culte que dans certaines régions du royaume. Enfin, pour éviter tout retour de la guerre, les groupes armés sont interdits.

L'édit de Nantes est constitué en fait d'un ensemble de plusieurs textes : l'édit général de pacification proprement dit, les articles secrets concernant l'organisation militaire et aussi les brevets du roi sur les pasteurs et les garnisons. L'édit général est revêtu du « sceau de majesté » de couleur verte, spécifique à tous les documents « perpétuels et irrévocables ».

>> palissy.humana.univ-nantes.fr/CETE/TXT/EDN

1588 – *Mai* : Les Guise s'emparent de Paris.

1589 – *2 août* : Mort d'Henri III.

1593 – *25 juillet* : Henri IV abjure le protestantisme.

1594 – *27 février* : Sacre d'Henri IV à Chartres. *22 mars* : Henri IV reprend Paris.

1595

1598 – *30 avril* : Édit de Nantes.

14 mai 1610

L'assassinat d'Henri IV

LE CONTEXTE : La menace des catholiques extrémistes

En 1598, la France est divisée et ruinée par trente années de guerre. Dix ans plus tard, le roi Henri IV est parvenu à pacifier le royaume et à étouffer les complots. Son principal ministre Sully a restauré les finances royales et lancé une série de grands travaux.

Pourtant, certains catholiques extrémistes veulent en finir avec l'ancien protestant Henri IV…

Tableau de Charles-Gustave Housez, 1860, musée national du château de Pau.
Frappé de deux coups de couteau, Henri IV agonise dans la voiture royale. Ses compagnons, notamment le duc d'Épernon et le baron de La Force se pressent autour de lui. Le meurtrier, Ravaillac, est aussitôt arrêté par les soldats de l'escorte.

L'ÉVÉNEMENT : Le 18e attentat contre Henri IV !

En 1610, Henri IV s'apprête à mener une expédition militaire contre le petit duché catholique de Clèves en Allemagne. Cette décision inquiète, certains craignent que cette guerre ne débouche sur le massacre de catholiques en France.

Henri IV a toujours su résister aux rumeurs et aux menaces. N'a-t-il pas échappé à 17 attentats ? Pourtant, ce 14 mai 1610, il est fatigué et nerveux. Dans l'après-midi, il décide de rendre visite à Sully.

Escortée par des valets, la voiture royale prend la rue Saint-Honoré avant de se retrouver bloquée rue de la Ferronnerie par des charrettes remplies de tonneaux de vin. Soudain, un homme grimpe sur une roue du véhicule, passe son bras par la fenêtre de la portière et donne deux coups de couteau au roi. Henri IV s'écroule en murmurant : « *Je suis blessé. Ce n'est rien.* » Il est emmené au Louvre où il meurt quelques heures plus tard.

L'assassin, François Ravaillac, est arrêté, interrogé puis torturé. Ce catholique fanatique accuse Henri IV de défendre les protestants et même de vouloir faire la guerre au pape. Ravaillac meurt écartelé, place de Grève, le 27 mai.

Le nouveau roi, Louis XIII, n'a que 9 ans. Le royaume est donc gouverné par la reine-mère, Marie de Médicis. Elle s'entoure d'intrigants, avides de pouvoir et d'argent, notamment Concini, nommé maréchal de France et ministre. Devenu majeur en 1614, Louis XIII affirme son autorité en faisant exécuter, trois ans plus tard, Concini, et en demandant à sa mère de se tenir à l'écart du trône.

UNE DATE CLÉ

Le « bon roi Henri » n'a jamais été aussi populaire qu'après son assassinat ! Les Français découvrent enfin son génie politique. Il lègue à son tout jeune fils, Louis XIII, un royaume pacifié et prospère.

1598 – Traité de Vervins : fin de la guerre avec l'Espagne.

1601 – Naissance du futur Louis XIII.

1605

1610 – 14 mai : Assassinat d'Henri IV. 17 octobre : Sacre de Louis XIII.

1624

Richelieu, « premier » ministre de Louis XIII

Tableau de Henri Motte, 1881, musée des Beaux-Arts de La Rochelle.
Lors du siège de La Rochelle en 1629, Richelieu a fait construire une immense digue pour bloquer le port. Revêtu de son habit pourpre de cardinal, il commande en personne l'armée royale. Il ne se laisse pas impressionner par une tentative de pénétration de la marine anglaise dans le port assiégé.

>> www.memo.fr/Dossier.asp?ID=822

UN PERSONNAGE CLÉ

Richelieu a réussi à consolider l'autorité royale et à établir la prépondérance française sur le continent européen. La France devient la première puissance militaire. Mais, pour financer la guerre, Richelieu a augmenté considérablement les impôts, provoquant ainsi de nombreuses révoltes paysannes. Avant de mourir en décembre 1642, il recommande un homme de valeur pour le remplacer, Mazarin...

POURQUOI ?
Une situation désespérée

Après la mort d'Henri IV, la France sombre très vite dans le désordre et l'anarchie. Comme le nouveau roi Louis XIII est trop jeune pour régner, c'est sa mère, Marie de Médicis, qui gouverne à sa place.
Les caisses de l'État se vident, les seigneurs se révoltent et les protestants reprennent les armes. Qui pourra sauver le royaume ?

L'ÉVÉNEMENT :
L'autorité restaurée

Né en 1585, Armand Jean Du Plessis, duc de Richelieu, devient en août 1624 le principal ministre de Louis XIII. Il le restera jusqu'à sa mort, gouvernant la France pendant dix-huit années en accord avec le roi. Travailleur infatigable, Richelieu possède un caractère inflexible : il ne tolère aucune désobéissance ni aucune révolte, en particulier celle des grands seigneurs, n'hésitant pas à démolir leurs châteaux.
Richelieu lutte aussi contre les protestants, qu'il considère comme un véritable « État dans l'État ». En 1628, il assiège avec succès la ville protestante de La Rochelle. L'édit d'Alès (1629) réaffirme la liberté de culte accordée aux protestants, mais ceux-ci perdent leurs places fortes.
Par ailleurs, Richelieu généralise la fonction d'intendant, qui devient le pilier de l'administration royale dans les provinces. Il crée aussi l'Académie française chargée d'établir les règles de la langue française.
À l'extérieur, l'Europe est déchirée depuis 1618 par un conflit meurtrier : la guerre de Trente Ans. En 1635, les armées françaises entrent en guerre contre l'Espagne. Elles remportent de grandes victoires dont celle de Rocroi en 1643, quelques jours après la mort du roi. Cette date marque le début de la suprématie militaire de la France en Europe.
Enfin, Richelieu jette les bases d'un empire colonial au Canada, au Sénégal, en Guyane, à la Martinique, à la Réunion et à Madagascar.

1610 Régence de Marie de Médicis.
1618 Début de la guerre de Trente Ans.
1620
1624 Richelieu, « premier » ministre.
1629 Siège de La Rochelle. Édit d'Alès.
1630
1642 Mort de Richelieu.
1643 Mort de Louis XIII.

1643-1661

Mazarin renforce l'autorité royale

Mazarin est le deuxième cardinal à exercer les fonctions de « premier » ministre. Détesté du plus grand nombre, il résiste à la Fronde des grands seigneurs et gouverne la France pendant dix-huit ans.

>> 17emesiecle.free.fr/Louis_XIV.html

POURQUOI ? Mazarin, l'héritier de Richelieu

Né en 1638, Louis XIV n'a que 5 ans quand, à la mort de son père Louis XIII, il devient roi de France. Sa mère Anne d'Autriche, régente, confie la direction des affaires au cardinal Mazarin. Elle éprouve pour ce dernier un attachement passionné. Homme d'Église sans jamais avoir été ordonné prêtre, cet Italien de modeste origine est doué d'une grande habileté dans les négociations. Il parvient par la ruse et la ténacité à sortir le pays d'une épouvantable guerre civile, la Fronde.

LES ÉVÉNEMENTS : Le vainqueur de la Fronde

Pour poursuivre les guerres commencées par Richelieu, Mazarin doit augmenter les impôts. Tout le monde est mécontent. Les Parisiens se révoltent contre son gouvernement en 1648, suivis bientôt par les grands seigneurs en 1650.

Le petit roi Louis XIV n'ayant que 11 ans, les aristocrates pensent pouvoir reprendre les privilèges qu'ils avaient perdus avec Richelieu. Ils mènent une véritable guerre civile, la Fronde, qui ravage le pays pendant près de cinq ans (1648-1653). Exilé deux fois, Mazarin parvient toujours à revenir au pouvoir et même à se faire acclamer par les Parisiens le 3 février 1653.

Le cardinal est alors, et ce jusqu'à sa mort, le maître absolu du royaume, surveillant l'éducation de Louis XIV, son filleul, et brisant les rébellions provinciales.

Mazarin réunit une équipe ministérielle de premier plan comprenant des collaborateurs dévoués comme Le Tellier, Lionne ou Colbert. Il laisse aussi à Louis XIV une situation internationale brillante, consolidée par la signature des traités de Westphalie (1648) et des Pyrénées (1659).

Tout au long de sa vie, Mazarin amasse une fortune colossale et vit fastueusement dans le palais qui porte son nom et qui deviendra l'Institut de France. Bien qu'Italien de naissance, il avait le cœur français.

UNE PÉRIODE CLÉ

C'est à la mort du cardinal Mazarin en 1661 que Louis XIV prendra personnellement et fermement en main le gouvernement de la France.

1638 Naissance de Louis XIV.

1648 Début de la Fronde.

1653 Fin de la Fronde.

1661 Mort de Mazarin.

1650

1648 et 1659

Les traités qui ont agrandi la France

LA SITUATION : La France menacée d'encerclement

Mazarin doit faire face à la fois à des dangers intérieurs et extérieurs. En digne continuateur de la politique de Richelieu, il profite de la guerre de Trente Ans pour limiter le nouvel essor de la puissance des Habsbourg qui menace la France sur deux fronts : l'Espagne et l'Allemagne du Saint Empire. Malgré les graves difficultés que lui cause la Fronde, Mazarin réussit à étendre considérablement l'influence de la France.

LES ÉVÉNEMENTS : La prédominance française

Après les victoires de Rocroi (1643), de Lens et de Zusmarshausen (1648), l'empereur Ferdinand III est contraint de signer les traités de Westphalie mettant fin à la guerre de Trente Ans. Il cède à la France la plus grande partie de l'Alsace.

Mais l'Espagne, profitant des difficultés que connaît la France durant la Fronde (1648-1653), continue la guerre. La magnifique victoire des Dunes remportée par Turenne pousse le roi d'Espagne à signer le traité des Pyrénées. Les négociations se déroulent sur la Bidassoa, dans l'île des Faisans, à la frontière des deux pays. Mazarin conduit brillamment les discussions qui s'achèvent le 7 novembre 1659.

L'Espagne cède à la France le Roussillon, l'Artois ainsi que plusieurs places fortes en Flandre et en Lorraine. L'entente entre les deux rois est scellée par le mariage de Louis XIV avec l'infante Marie-Thérèse, qui sera célébré le 9 juin 1660 à Saint-Jean-de-Luz.

Il était prévu que l'infante renonce à ses droits à la couronne d'Espagne en échange d'une dot de 500 000 écus. Cette somme ne sera jamais versée, ce qui permettra à Louis XIV de prétendre à la succession sur le trône d'Espagne.

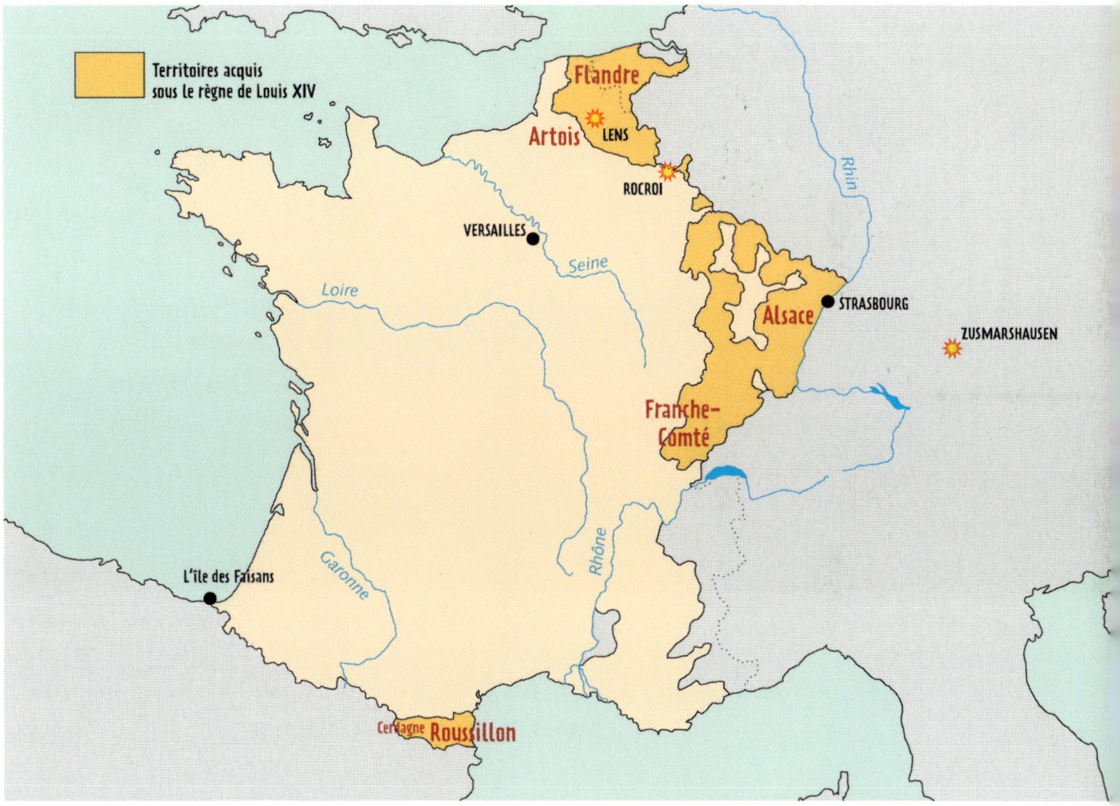

Les traités conclus par Mazarin donnent à la France la prépondérance sur l'Europe que la maison d'Espagne exerçait depuis Charles Quint. Le cardinal triomphe. Il réussit à achever l'œuvre de Richelieu et scelle la paix en Europe par le mariage de Louis XIV et de l'infante Marie-Thérèse.

DEUX DATES CLÉS

Louis XIV suivra les conseils de Mazarin en matière de politique extérieure. La mise en place d'un système défensif couvrant les frontières naturelles de la France constitue dorénavant un objectif primordial. Le roi complétera ses conquêtes territoriales avec l'acquisition de la Flandre et de la Franche-Comté aux traités de Nimègue (1678-1679) et l'annexion de Strasbourg en 1681.

1643 — Victoire de Rocroi.
1648 — Traités de Westphalie.
1659 — Traité des Pyrénées.
1661 — Début du règne personnel de Louis XIV.
1670
1678–1679 — Traités de Nimègue.

1661

Début du règne personnel de Louis XIV, le « Roi-Soleil »

Tableau de Charles Le Brun, XVIIe siècle, musée de Versailles.
Colbert présente les membres de l'Académie des sciences à Louis XIV. Durant toute sa vie, le roi n'a eu qu'une obsession, la grandeur du royaume de France quel qu'en puisse être le prix. Pour cela, il recherche le prestige par tous les moyens et porte l'absolutisme royal à son plus haut niveau.

>> www.chateauversailles.fr/fr/210_Louis_XIV_le_Roi_Soleil.php

UN RÈGNE CLÉ

Si Louis XIV a réussi à faire de la France la première puissance militaire, le pays le plus riche et le plus peuplé d'Europe, son ambition, ses guerres incessantes et ses besoins d'argent finiront par ruiner le royaume. À la fin de son règne, le roi, comme enivré par ses victoires, multipliera les erreurs.

POURQUOI ?
Un très grand roi

C'est au cours des cinquante-quatre années de règne personnel de Louis XIV que la royauté française atteint son plus haut degré de gloire et de renommée.

Par ses nombreuses victoires, ses conquêtes territoriales, par l'éclat de ses artistes et de ses écrivains, le règne de Louis XIV est incomparable. Sa devise n'est-elle pas *Nec pluribus impar*, « Personne ne peut m'être comparé » ?

L'ÉVÉNEMENT :
La France, la superpuissance

Partout en Europe, Louis XIV impressionne les autres rois, qui cherchent à le copier. Il parvient à incarner véritablement l'État et à faire triompher la monarchie absolue. Plus que ses prédécesseurs, le roi pense être le représentant de Dieu sur terre. C'est à Lui qu'il doit sa couronne et à Lui seul qu'il devra un jour rendre des comptes. Aussi doit-il être le maître absolu en son royaume. Travailleur, toujours maître de lui, Louis XIV décide de tout et gouverne seul avec ses ministres qui lui obéissent aveuglément. Il sait cependant s'entourer d'hommes remarquables.

Colbert, contrôleur général des Finances (ministre de l'Économie), met de l'ordre dans les finances, développe le commerce, l'industrie et dote la France de la première marine mondiale de guerre.

Vauban ceinture le pays de fortifications imprenables. Louvois, secrétaire d'État à la Guerre, modernise l'armée qui devient l'une des plus importantes (450 000 soldats) et des mieux organisées d'Europe.

Brillants généraux, Turenne et le Grand Condé remportent de nombreuses victoires.

1688 GUERRE DE LA LIGUE D'AUGSBOURG.

1697 Paix de Ryswick. Louis XIV conserve Strasbourg.

1701 Début de la guerre de Succession d'Espagne.

1705

1713 Traité d'Utrecht. Fin de la guerre avec l'Espagne.

1715 Mort de Louis XIV.

1670

Molière écrit *Le Bourgeois gentilhomme*

LE CONTEXTE : Les arts au service du Roi-Soleil

Louis XIV aime à s'entourer d'écrivains et d'artistes chargés de célébrer la grandeur de son règne. Il les protège et leur verse des pensions parfois très élevées. Passionné de danse et de théâtre, il fait jouer des pièces et des ballets à Versailles, devant ses courtisans. Il apprécie particulièrement l'œuvre d'un comédien et auteur de théâtre : Jean-Baptiste Poquelin, dit Molière.

UN PERSONNAGE CLÉ

Protégé par Louis XIV, Molière a critiqué, au travers de ses œuvres, la société de son temps. Il a notamment ridiculisé les salons à la mode, les faux dévots, et les bourgeois.

L'ÉVÉNEMENT : Le protégé de Louis XIV

Fils de tapissier parisien, Molière (1622-1673) décide, après ses études, de fonder une troupe de théâtre, l'Illustre-Théâtre, qui disparaîtra, faute de succès. Après un tour de France, il revient à Paris et réussit à séduire le roi Louis XIV avec plusieurs pièces, notamment *Les Précieuses ridicules* qui lui vaut un véritable triomphe.

Pour le roi, il invente un nouveau genre, la comédie-ballet. Il se lance alors dans l'écriture d'une série de comédies très populaires : *L'École des femmes,* en 1663, *Tartuffe, Dom Juan, Le Misanthrope*… Molière devient ainsi le protégé du souverain qui le nomme directeur de la troupe royale.

En 1670, Louis XIV lui fait savoir qu'il a été choqué par l'arrogance des ambassadeurs turcs et lui demande d'écrire une comédie sur le Grand Turc. Le 14 octobre 1670, Molière présente devant la cour, réunie au château de Chambord, sa nouvelle pièce, *Le Bourgeois gentilhomme*.

L'intrigue est simple : un riche bourgeois, Monsieur Jourdain, refuse que sa fille épouse son aimé Cléonte qui n'est pas gentilhomme. Le valet de Cléonte imagine un stratagème pour le convaincre. Il fait passer son maître pour le fils du Grand Turc. La pièce connaît un grand succès…

Au XVIIe siècle, les salles de théâtre sont très animées. La plupart des spectateurs assistent à la représentation debout. Certains n'hésitent pas à se battre, à siffler ou à lancer des pommes cuites sur la scène et les acteurs lorsque le spectacle ne leur plaît pas.

> > www.toutmoliere.net/index.html

1643 — Fondation de l'Illustre-Théâtre.

1650

1659 — *Les Précieuses ridicules*, premier triomphe.

1664 — La pièce *Tartuffe* est interdite.

1670 — *Le Bourgeois gentilhomme*.

1673 — Mort de Molière peu après la représentation du *Malade imaginaire*.

1682

Louis XIV se fixe définitivement à Versailles

POURQUOI ? Le roi n'aime pas Paris

En 1682, Louis XIV s'installe à Versailles et abandonne la capitale qu'il n'a jamais aimée. Enfant, il s'était senti humilié par l'arrogance des grands et menacé par le peuple de Paris durant la Fronde. C'est pour cette raison qu'il fait construire le magnifique palais de Versailles. En réunissant l'aristocratie dans son château, Louis XIV espère bien la rendre inoffensive.

UNE DATE CLÉ

Le château de Versailles réunit la cour la plus brillante d'Europe.
Il restera jusqu'à la Révolution le siège du gouvernement.
Mais toutes les dépenses somptuaires de Louis XIV ont gravement alourdi le budget de l'État et contribué à la banqueroute finale des finances royales à la mort du roi.

L'ÉVÉNEMENT : La cage dorée des princes

Le château de Versailles est l'œuvre des architectes Le Vau et Mansart, du peintre Le Brun et du jardinier Le Nôtre. Les travaux durent trente et un ans et occupent 30 000 ouvriers.

Tout est disposé pour célébrer la gloire et flatter l'orgueil du Roi-Soleil. La cour de Versailles compte jusqu'à 10 000 personnes, notamment des princes, des laquais, des gardes, des domestiques.

Près de 3 000 aristocrates habitent dans le château et tous rêvent de servir Louis XIV. Pour eux, le plus grand honneur est d'assister au lever du roi, à ses repas ou même de lui porter « sa chaise percée » (son pot de chambre). Une étiquette sévère et minutieuse règle tout le cérémonial.

Certains jours, la population est admise à venir contempler Sa Majesté en train de manger. Mais avant, il faut louer un chapeau et une épée à la grille.

Le souverain est présent à tous les conseils, décidant personnellement de la politique que chaque ministre doit suivre. Entouré de cinq ou six ministres, il parle peu, écoute les avis de chacun, conclut toujours. Sa résistance au travail, son application et son courage étonnent ses contemporains.

Tableau de Denis Martin, XVIIe-XVIIIe siècle, musée de Versailles.
Sans cesse remanié et embelli, le château de Versailles se doit de refléter la puissance de Louis XIV et d'en célébrer la gloire. Versailles doit être le centre du royaume. La chambre du roi et son lit situé exactement au cœur du palais sont tournés vers la ville de Versailles, où convergent trois immenses avenues.

>> www.chateauversailles.fr

1661 Début des agrandissements du château de Versailles par Le Vau.

1668 Fête grandiose autour du Grand Canal.

1675

1682 Installation définitive du Roi à Versailles.

1683 Mort de Colbert.

18 octobre 1685

La révocation de l'édit de Nantes

Les dragons se déplacent à cheval, mais combattent à pied. Coiffés d'une toque, portant de longues guêtres, vêtus d'une veste bleue et d'un pantalon rouge, ces soldats sont dotés d'un fusil et d'un sabre. Ces « missionnaires armés » font régner la terreur parmi les protestants des Cévennes, les Camisards.

POURQUOI ? « Une foi, une loi, un roi »

En 1661, au début du règne personnel de Louis XIV, le royaume compte 840 000 protestants. Depuis l'édit de Nantes, leur religion est reconnue et tolérée. Mais de nombreux catholiques supportent mal l'enrichissement de certaines familles protestantes. Quant à Louis XIV, il estime qu'il ne peut y avoir dans le royaume de France qu'une seule religion.

L'ÉVÉNEMENT : L'interdiction du culte protestant

Pour rétablir l'unité religieuse, Louis XIV commence par exercer des pressions politiques à l'encontre des protestants. Il réduit le nombre de leurs écoles et accroît leurs impôts. Les mariages entre protestants et catholiques sont interdits.

En octobre 1679, les huguenots ne peuvent plus posséder certains offices ni exercer certains métiers.

Pis, les intendants profitent de l'obligation qu'a tout sujet de loger des soldats. À partir de 1681, des militaires, les dragons, sont envoyés dans les maisons des protestants. Sur place, ils se livrent à des pillages, des viols et des meurtres. Le ministre Louvois dépêche 5 000 soldats chez les huguenots du Béarn. Ces dragonnades entraînent de nombreuses conversions forcées à la foi catholique.

Influencé par Madame de Maintenon, Louis XIV veut encore aller plus loin. Le 18 octobre 1685, le roi signe l'édit de Fontainebleau, une loi révoquant l'édit de Nantes. Ce texte interdit le culte protestant en France, impose la destruction des temples et l'expulsion des pasteurs. Les huguenots sont autorisés à rester dans le royaume, mais à la condition de ne plus exercer leur religion.

UNE DATE CLÉ

Plus de 180 000 huguenots vont quitter le royaume pour s'installer dans les États protestants, en Suisse ou dans les Provinces-Unies. La France perd ainsi nombre d'artisans, de commerçants, de lettrés et d'ingénieurs très compétents.

1685
Mars : Opérations militaires contre les protestants (dragonnades).
18 octobre : Édit de Fontainebleau.

1702
Début du soulèvement des Camisards.

1750

1787
Édit de tolérance instituant un état civil pour les protestants.

1709

Le terrible hiver

Tableau de Louis Le Nain, 1642, musée du Louvre, Paris.
La vague de froid qui s'abat sur la France emporte d'abord les paysans les plus pauvres, les journaliers ou brassiers qui travaillent à la journée et n'ont pour toute richesse que leurs bras. Ce tableau de Louis Le Nain évoque toute la misère du journalier, représenté à droite du tableau, pieds nus et en haillons.

UNE DATE CLÉ

La vague de froid a causé la mort d'environ 100 000 personnes en trois mois, et n'a épargné aucune province. Pour limiter les effets de cette catastrophe, l'administration royale a su prendre des mesures rapides, concrètes et efficaces.

LE CONTEXTE : Un « petit âge glaciaire »

Depuis 1550, l'Europe traverse un « petit âge glaciaire ». Durant l'hiver 1693, un temps sec et glacial s'abat sur toute la France et provoque en deux ans la mort de plus d'un million de personnes ! Seize ans plus tard, une série de vagues de froid traverse à nouveau le royaume.

L'ÉVÉNEMENT : Un hiver très meurtrier

Au début du mois de décembre 1708, Paris subit une dizaine de jours de gel et quatre jours de neige d'affilée. Puis c'est le redoux pendant la période de Noël. Soudain, dans la nuit du 5 au 6 janvier 1709, tout bascule ! La température baisse en quelques heures de plus de 13 °C, passant de 10,7 à - 3,1 °C. Elle continue de diminuer dans la semaine qui suit. Le 11 janvier, on enregistre - 18 °C à Paris et - 17 °C à Montpellier ! La France est sous un épais manteau neigeux.
Le bétail meurt, les semences sont détruites, les arbres se fendent, les fleuves se figent dans la glace. La population est frappée de plein fouet : beaucoup d'enfants, de vieillards et de femmes meurent de froid, de faim ou de maladie.
Cette vague de froid dure plus de deux semaines. Puis la température remonte avant de chuter à nouveau le 4 février 1709 sans pourtant atteindre les records de janvier.
L'administration royale réagit très vite. Le contrôleur général des Finances, Desmarets, ordonne le ravitaillement des régions les plus touchées. Les parlements instaurent un impôt destiné à venir en aide aux plus démunis. Des distributions de pain et des soupes populaires sont organisées. La France achète du blé sur les marchés étrangers.

1691 — PREMIÈRE VAGUE DE FROID.
1694
1700
1709 — Terrible hiver.
1709–1711 — SECONDE VAGUE DE FROID.
1715 — Mort de Louis XIV.

1751-1772

La publication de l'*Encyclopédie*

POURQUOI ? Le siècle des Lumières

Au XVIIIe siècle, philosophes, savants et écrivains diffusent en France et en Europe des idées nouvelles. Ils réclament la liberté de pensée et d'expression que leur refusent les rois de l'Ancien Régime. Ils veulent faire triompher les lumières de la Raison sur les ténèbres de la superstition et de l'ignorance. Leurs cibles principales sont l'Église catholique et l'absolutisme royal.

UN OUVRAGE CLÉ

Les idées des encyclopédistes vont transformer en profondeur la société française.
La suppression des privilèges, l'égalité devant la loi et l'impôt seront les premières revendications de la Révolution.

L'ÉVÉNEMENT : Des idées nouvelles

Les idées des Lumières sont notamment exposées dans les articles d'un livre extraordinaire : l'*Encyclopédie*, un dictionnaire universel (en 18 volumes) des sciences, des arts et des métiers. Cette immense entreprise, publiée entre 1751 et 1772, a pour ambition de collecter tous les savoirs de l'époque, de rassembler les connaissances humaines dans les domaines les plus divers : politique, religieux, scientifique, économique mais aussi mécanique.

Dirigée par un philosophe, Diderot, et un mathématicien, d'Alembert, l'*Encyclopédie* est animée par 130 savants et écrivains, spécialistes les plus compétents de chaque discipline. Les plus grands philosophes de l'époque, comme Montesquieu, Voltaire ou Rousseau, participent à sa rédaction.

Les encyclopédistes réclament la tolérance religieuse et la liberté de culte ; ils dénoncent les emprisonnements arbitraires et la torture. Ils critiquent aussi la concentration des pouvoirs entre les mains d'une seule personne (le roi).

Interdite à plusieurs reprises par le roi Louis XV, l'*Encyclopédie* connaît pourtant un succès considérable en France et à l'étranger, car l'usage du français, première langue internationale de l'époque, facilite sa diffusion.

Tableau de Gabriel Lemonnier, 1812, musée des Beaux-Arts, Rouen.
À partir de 1749, Madame Geoffrin reçoit dans son salon parisien les peintres et les écrivains les plus célèbres de l'époque. Devant une prestigieuse assemblée où l'on reconnaît Montesquieu, Diderot et Rousseau, l'un des invités, l'encyclopédiste d'Alembert, lit une tragédie de Voltaire : *L'Orphelin de la Chine*. Voltaire est le grand absent de la scène, car il a été exilé par le roi, mais son buste trône à l'arrière-plan et domine l'assistance.

>> www.sigu7.jussieu.fr/diderot

- **1723** Mort du Régent et majorité de Louis XV.
- **1730**
- **1748** *De l'esprit des lois* de Montesquieu.
- **1751** Début de la publication de l'*Encyclopédie*.
- **1759** *Candide* de Voltaire.
- **1762** *Le Contrat social* de J.-J. Rousseau.

1763

La France perd le Canada et les Indes

Le marquis de Montcalm est grièvement blessé lors de la bataille des plaines d'Abraham en 1759. Il est ramené à Québec où il décède peu après. Les Indiens alliés des Français continuent à lutter avec acharnement contre les Anglais jusqu'en 1763.

>> www.republiquelibre.org/cousture

UNE DATE CLÉ

Après 1763, le royaume humilié accomplit un grand effort de redressement. L'armée et la marine sont brillamment réorganisées en 1766, la Lorraine est rattachée au royaume et, en 1768, le duc de Choiseul réussit à acheter la Corse aux Génois.

CONTEXTE : Un immense empire colonial

Depuis 1604, les Français sont solidement installés au Canada. La « belle province » est une colonie florissante qui compte en 1760 près de 60 000 habitants. Sous la direction de Cavelier de La Salle, les Français ont pris possession du vaste bassin du Mississippi en 1683 et l'ont baptisé la Louisiane en l'honneur du roi de France.

Mais les Anglais, jaloux de l'essor colonial français en Amérique du Nord et en Inde, plongent la France dans la désastreuse guerre de Sept Ans.

LES ÉVÉNEMENTS : Une défaite humiliante !

En 1755, les escadres britanniques attaquent, sans déclaration de guerre, les convois français traversant l'Atlantique. Par cet acte de piraterie déshonorant, elles capturent plus de 300 navires avec tous leurs hommes d'équipage. L'absence de plusieurs milliers de marins amoindrit considérablement la flotte française.

La guerre de Sept Ans se déroule à la fois sur le continent et dans les colonies. La France s'est alliée avec l'Autriche, et l'Angleterre avec la Prusse. Les troupes françaises sont écrasées par les Prussiens à la bataille de Rossbach en 1757.

Au Canada, les premières victoires remportées par le marquis de Montcalm ne sont pas suffisantes. Ses efforts héroïques ne sont soutenus ni par le gouvernement de Louis XV ni par l'opinion française. En 1759, lors d'une ultime bataille, les Anglais s'emparent de la ville de Québec. Le conflit se termine par la défaite totale des armées et de la marine françaises.

Au traité de Paris en 1763, l'empire colonial français, composé d'immenses territoires américains et indiens, est abandonné tout entier à l'Angleterre. La France ne conserve, en Inde, que cinq petits ports et, aux Antilles, que Saint-Domingue (l'est de Haïti), la Martinique et la Guadeloupe.

1756 – Début de la guerre de Sept Ans.
1758 – Choiseul, ministre de Louis XV.
1763 – Traité de Paris et perte du Canada.
1768 – Acquisition de la Corse.
1774 – Mort de Louis XV et début du règne de Louis XVI.

20 juin 1789

Le serment du Jeu de paume

POURQUOI ? Une société bloquée

Depuis le Moyen Âge, la société française est divisée en trois ordres qui disposent chacun de privilèges : le clergé, la noblesse et le reste de la population formant le tiers état. Mais en 1789, la France est en crise…

L'État royal est paralysé par les dettes et les scandales. Le peuple souffre de la hausse des prix. Le clergé et la noblesse concentrent les richesses et les pouvoirs alors qu'ils ne représentent que 2 % de la population !

UNE DATE CLÉ

Le tiers état vient de conquérir enfin le pouvoir de faire les lois. L'Assemblée nationale a renversé la monarchie absolue et instaure progressivement un nouveau régime : la monarchie constitutionnelle, un système politique où le pouvoir du roi est limité par une Constitution.

L'ÉVÉNEMENT : Un serment historique

Louis XVI tente de résoudre la crise financière en annonçant la réunion des États généraux. Pour préparer cette grande assemblée, il demande à tous les Français d'exprimer leurs plaintes et leurs souhaits dans des cahiers de doléances.

Mais les États généraux, réunis à Versailles à partir du 2 mai 1789, ne règlent pas la situation. Un débat oppose les députés du tiers état à la noblesse et au clergé. Les premiers souhaitent que l'on vote par tête alors que les autres sont en faveur d'un vote par ordre.

Les députés du tiers état se considèrent comme les représentants de la nation française. Ils décident donc de former, le 17 juin, une Assemblée nationale pour prendre des décisions politiques, comme le vote de l'impôt. Ils sont bientôt rejoints par des membres du clergé et de la noblesse.

Trois jours plus tard, lorsqu'ils se rendent à leur lieu de réunion, la salle des Menus-Plaisirs, ils trouvent porte close. L'armée leur en interdit l'accès. Ils se rassemblent dans une pièce voisine, la salle du Jeu de paume. Alors, le président de l'Assemblée, Bailly, jure que les députés ne se sépareront pas avant d'avoir établi une Constitution, une loi organisant les différentes institutions politiques.

Lithographie coloriée vers 1840, d'après le tableau de Jacques-Louis David.
Le 20 juin 1789, les députés se rassemblent dans la salle du Jeu de paume. Au centre de la scène, le président de l'Assemblée, Jean-Sylvain Bailly, lit le texte du serment. Tous jurent en levant le bras de ne pas se séparer avant d'avoir établi une Constitution pour la France.

> > revolution.1789.free.fr

1787 – Les États-Unis d'Amérique se dotent d'une Constitution écrite.

1788

1789 – 2 mai : Réunion des États généraux à Versailles.
17 juin : Les députés du tiers état forment une Assemblée nationale.
20 juin : Serment du Jeu de paume.

1789

14 juillet 1789

La prise de la Bastille

Aquarelle du XVIIIe siècle, musée Carnavalet, Paris.
Le 14 juillet 1789, les Parisiens s'emparent de la forteresse de la Bastille, prison royale et dépôt de munitions, considérée comme le symbole de la monarchie absolue. Ils capturent le gouverneur de Launay et l'exécutent.

UNE DATE CLÉ

La Bastille est détruite et ses pierres sont vendues comme souvenirs. Le 14 juillet 1789 entre dans l'histoire de France. Ce jour-là, le peuple a renversé le symbole de la monarchie absolue. Un siècle plus tard, la date du 14 juillet devient celle de la fête nationale de la République française.

LE CONTEXTE : Du pain et des armes !

Au matin du 14 juillet, 50 000 artisans, commerçants et soldats manifestent dans Paris. Ils se plaignent du prix du pain. Ils s'inquiètent de la concentration des troupes autour de Paris. Ils craignent que les nobles ne cherchent à les affamer, et surtout réclament des armes.

Ils commencent par s'emparer des 32 000 fusils entreposés aux Invalides, puis se dirigent vers la Bastille. Cette sinistre prison, devenue le symbole de la monarchie absolue, est aussi un dépôt de munitions.

L'ÉVÉNEMENT : À l'assaut de la Bastille !

La forteresse est défendue par une batterie de canons et une centaine de soldats. Le gouverneur de la Bastille, de Launay, accepte de recevoir les chefs des révoltés, et promet de ne pas faire tirer, sauf s'il est attaqué.

Soudain, vers 13 heures, des coups de feu éclatent. Aussitôt la foule défonce les portes de la prison et pénètre dans la cour principale. De Launay réagit en faisant mitrailler les assaillants. Mais c'est trop tard !

À 17 heures, la Bastille est prise et les sept prisonniers, qui y étaient enfermés, sont libérés. Le gouverneur est massacré et décapité. Dans les rangs des manifestants, on relève une centaine de morts.

La foule s'en prend à Flesselles, le prévôt des marchands, l'ancêtre du maire de Paris. Abattu d'un coup de pistolet, il est décapité et sa tête est exhibée au bout d'une pique. Le lendemain, Louis XVI annonce le retrait des troupes de Paris.

27 juin – Le clergé et la noblesse s'unissent au tiers état dans l'Assemblée nationale.

9 juillet – L'Assemblée nationale devient Assemblée constituante.

14 juillet – Prise de la Bastille.

17 juillet – Début de l'émigration des nobles.

1789

Août 1789

La fin de l'Ancien Régime

LE CONTEXTE : La France féodale

Doté de larges pouvoirs, Louis XVI règne sur un peuple de sujets disposant de privilèges et non de droits. La société française de la fin du XVIIIe siècle est encore féodale.

Les paysans français vivent dans le cadre d'une seigneurie. Ils doivent à leur seigneur des impôts et des corvées.

UNE DATE CLÉ

Au cours du mois d'août 1789, la société avec ses trois ordres et la monarchie absolue disparaissent. Les Français ne sont plus des sujets mais des citoyens libres et égaux en droits, formant une nation souveraine. Une nouvelle France est née.

L'ÉVÉNEMENT : La Déclaration de 1789

Après le 14 juillet 1789, la France est saisie de panique. Une rumeur circule selon laquelle des bandes de brigands payés par les nobles dévasteraient les récoltes. Les paysans se révoltent et, du 20 juillet au 6 août 1789, brûlent les châteaux des aristocrates. C'est la « Grande Peur » dans les campagnes !

Un débat est organisé à l'Assemblée constituante afin de régler la crise. Au cours de la nuit du 4 août, les députés proposent une série de lois révolutionnaires : ils suppriment les privilèges et déclarent l'égalité de tous devant la loi, l'emploi et l'impôt, et la gratuité de la justice. En une nuit, tout l'Ancien Régime est aboli !

Les députés décident de rédiger une déclaration qui accompagnera la future Constitution. Du 20 au 26 août, ils élaborent trente-six projets avant d'aboutir à la Déclaration des droits de l'homme et du citoyen, qui comporte un préambule et dix-sept articles. La déclaration proclame une série de principes universels fondés sur la Raison : la liberté individuelle, le respect de la propriété, l'égalité en droits de tous les citoyens, la souveraineté nationale et la séparation des pouvoirs. Désormais, c'est la nation elle-même qui possède le pouvoir et dirige le pays, par l'intermédiaire de ses représentants.

Tableau d'époque, musée Carnavalet, Paris.
Sur ce panneau de bois peint, est inscrit le texte de la Déclaration des droits de l'homme et du citoyen adoptée le 26 août 1789 par l'Assemblée constituante. Les principaux symboles révolutionnaires sont représentés, en particulier le bonnet phrygien et le triangle de l'égalité. Les deux personnages féminins représentés en haut du texte symbolisent l'une la France libérée (celle de gauche), l'autre la liberté (celle de droite).

>> www.assemblee-nat.fr/histoire/dudh/1789.asp

20 juillet – 6 août : LA « GRANDE PEUR »

4 août : Abolition des privilèges.

26 août : Déclaration des droits de l'homme et du citoyen.

5-6 octobre : Marche sur Versailles des Parisiennes. Le roi est ramené à Paris.

1789

10 août 1792

La prise des Tuileries

POURQUOI ? La trahison du roi

Le 14 juillet 1790, Louis XVI a juré fidélité à la future Constitution. La Révolution semble donc terminée… Mais, le 20 juin 1791, la famille royale quitte secrètement la capitale et est rattrapée le lendemain à Varennes. Pour de nombreux Français, c'est une trahison ! En fuyant, le roi a montré clairement son opposition à la Révolution.

UNE DATE CLÉ

En prenant les Tuileries, les sans-culottes ont renversé la monarchie. Si cette révolte populaire va accélérer l'avènement d'un nouveau régime politique, la République, elle ne règle pas pour autant le problème de la guerre.

L'ÉVÉNEMENT : À l'assaut des Tuileries !

Même si le roi a accepté, le 13 septembre 1791, la Constitution enfin terminée, il espère en fait susciter en Europe une vaste coalition contre la France afin de rétablir l'Ancien Régime. Pour cela, il peut s'appuyer sur trois monarchies : l'Autriche (la patrie de Marie-Antoinette), la Prusse et l'Angleterre.

Certains révolutionnaires sont aussi favorables à la guerre, mais pour une raison inverse. Ils pensent que la guerre serait un bon moyen de consolider la Révolution.

Finalement, le 20 avril 1792, la France déclare la guerre à l'Autriche.

À l'appel de Danton, devenu l'un des plus farouches adversaires de la monarchie, de petits artisans parisiens révolutionnaires, les « sans-culottes », et des soldats se lancent le 10 août 1792 à l'assaut des Tuileries, la résidence royale. Ils se heurtent aux gardes suisses, chargés de défendre le roi. La lutte est acharnée. Apeurée, la famille royale se réfugie à l'Assemblée.

Louis XVI demande aux gardes suisses de déposer les armes et de regagner leurs casernes, mais ceux-ci sont rapidement encerclés et massacrés par la foule.

Huit cents personnes ont péri lors de ces terribles affrontements. L'Assemblée ordonne la suspension du roi et décide, trois jours plus tard, d'emprisonner la famille royale dans la prison du Temple.

Peinture de Jean Duplessi-Bertaux, début du XIXe siècle, musée de Versailles.
Le 10 août 1792, les sans-culottes et les fédérés – des soldats de la garde nationale – prennent d'assaut le palais des Tuileries. Les gardes suisses, chargés de défendre la résidence royale, sont encerclés et se font massacrer par la foule en furie.

1791

20-21 juin : Fuite puis arrestation de la famille royale.

1792

20 avril : La France déclare la guerre à l'Autriche.

10 août : Prise des Tuileries.

13 août : Le roi et sa famille sont internés dans la prison du Temple.

1791 • 1792

20 septembre 1792

La bataille de Valmy sauve la Révolution

Peinture de Jean-Baptiste Mauzaisse d'après Horace Vernet, musée de Versailles.
Valmy est la première des nombreuses victoires de la Révolution et de l'Empire. Au pied du moulin de Valmy, les soldats de la garde nationale en uniforme bleu rejoignent les soldats de métier en uniforme blanc. À droite de la bataille, le cheval blanc du général Kléber s'écroule frappé par un boulet.

>> www.apmcj.com/spl/valmy/1792/index.html

UNE DATE CLÉ

Le soir même, le grand philosophe allemand Goethe, témoin de la bataille, peut déclarer : « De ce lieu et de ce jour date une nouvelle époque de l'histoire du monde. » Le surlendemain, le 22 septembre 1792, la Convention proclame solennellement la République.

POURQUOI ?
Exporter la Révolution

Les dirigeants français comme Brissot ou Danton voient dans la guerre un bon moyen d'étendre la Révolution au reste de l'Europe. Le 20 avril 1792, la France déclare la guerre à l'Autriche qui reçoit, un mois plus tard, le renfort de la Prusse.
C'est le début d'une lutte acharnée qui opposera pendant vingt-cinq ans la Révolution aux monarchies européennes.

L'ÉVÉNEMENT :
Une victoire inattendue !

La guerre commence très mal : l'armée française est complètement désorganisée, les deux tiers des officiers ont émigré à l'étranger, les soldats désertent en masse. Quant aux volontaires, ils sont pleins d'ardeur, mais ne possèdent aucune expérience militaire. Lors des premiers combats, les troupes se débandent, bousculant et même tuant leurs généraux, comme à Lille.
Les villes tombent les unes après les autres. Les Prussiens menacent Paris. L'Assemblée déclare alors « *la Patrie en danger* » ! Dans toute la France, l'émotion est intense.
Aussitôt, des gardes nationaux accourent de tous les départements. Les volontaires de Marseille entonnent un chant composé à Strasbourg par le capitaine Rouget de Lisle, que l'on appellera *La Marseillaise*.
Le 20 septembre 1792, les armées commandées par les généraux Dumouriez et Kellermann sont attaquées sur le plateau de Valmy. Après une terrible canonnade de plus de six heures où l'artillerie française se montre nettement supérieure aux canons adverses, l'infanterie prussienne passe à l'attaque. Alors, Kellermann accroche son chapeau au plumet tricolore au bout de son sabre et lance le cri de « *Vive la Nation !* » repris aussitôt par ses jeunes soldats. Puis l'infanterie française, baïonnette au canon, s'avance vers les lignes ennemies. Impressionné par cette belle résistance, le général prussien fait reculer ses hommes, et le lendemain à l'aube ordonne la retraite. Paris est sauvé !

20 avril — La France déclare la guerre à l'Autriche.
20 septembre — Victoire de Valmy.
22 septembre — Proclamation de la République par la Convention.
6 novembre — Victoire de Jemmapes.

1792

21 janvier 1793

L'exécution de Louis XVI

Peinture d'époque de Pierre-Antoine de Machy, XVIIIe siècle, musée Carnavalet, Paris. Cheveux coupés et les mains liées dans le dos, Louis XVI est conduit devant le bourreau Sanson qui prépare la guillotine. À côté du roi se tient son confesseur, l'abbé Edgeworth de Firmont. Sur la place de la Révolution, la foule surveillée par les soldats du général Berruyer, retient son souffle…

UNE DATE CLÉ

En votant l'exécution du roi, les députés de la Convention ont voulu empêcher toute restauration de la royauté. Mais cet acte annonce aussi l'une des pires périodes de la Révolution : la Terreur !

LE CONTEXTE : Le procès du roi

Le 11 décembre 1792, Louis XVI comparaît devant les membres de la Convention. Le procès suscite un débat passionné au sein de cette assemblée. Les Montagnards, les députés les plus radicaux, souhaitent la mort du roi. Les Girondins, les modérés, sont divisés, certains préférant la détention perpétuelle à la mort. Le 17 janvier, Louis XVI est déclaré *« coupable de conspiration contre la liberté de la Nation et d'attentat contre la sûreté générale de l'État »*, et condamné à la peine capitale.

L'ÉVÉNEMENT : Un roi sur l'échafaud

Le 21 janvier 1793 au matin, Paris est en état de siège. Les gardes nationaux quadrillent la ville afin d'éviter un coup de force royaliste.

Vers 10 heures, Louis XVI, accompagné de son confesseur, arrive place de la Révolution (aujourd'hui place de la Concorde), au milieu d'une foule immense, encadrée par des milliers de soldats. Comme tous les condamnés à mort, le roi est contraint d'ouvrir le col de sa chemise, de se laisser attacher les mains dans le dos et de se faire couper une mèche de cheveux.

Dans un silence absolu, Louis XVI monte sur l'échafaud et s'écrie : *« Peuple, je meurs innocent de tous les crimes qu'on m'impute. Je pardonne aux auteurs de ma mort et je prie Dieu que le sang que vous allez répandre ne retombe jamais sur la France. »* Pour couvrir le son de sa voix, le commandant de la garde nationale fait battre les tambours.

Le souverain est couché sur la planche de la guillotine. À 10 h 22, le couperet tombe. Lorsque Sanson, le bourreau, brandit la tête du roi, la foule se déchaîne et crie : *« Vive la Liberté ! Vive la Nation ! »* Le corps est rapidement transporté au cimetière de la Madeleine pour y être inhumé.

1792

- **13 août** : Louis XVI et sa famille sont internés dans la prison du Temple.
- **11 décembre** : Début du procès de Louis XVI.

1793

- **17 janvier** : Louis XVI est condamné à mort.
- **21 janvie[r]** : Exécution de Louis XVI.

5 septembre 1793

La Terreur

LE CONTEXTE : Montagnards contre Girondins

La République est en danger !
À l'intérieur, elle est fragilisée par les divisions politiques. À Paris, le 2 juin 1793, les « sans-culottes » et les gardes nationaux renversent les Girondins et permettent ainsi aux Montagnards de prendre le pouvoir. En Province, les royalistes de Bretagne et de Vendée se soulèvent contre la Convention.
À l'extérieur, la France est encerclée par la coalition des monarchies européennes. Comment sauver la République ?

L'ÉVÉNEMENT : La dictature de Robespierre

En réponse aux menaces, la Convention proclame, le 5 septembre 1793, l'instauration de la Terreur et adopte, le 17, la loi des suspects qui impose l'arrestation de tous les adversaires du régime. Pour cela, elle dispose de plusieurs institutions. Le Comité de salut public, dirigé par Robespierre, donne ses ordres au Comité de sûreté générale chargé de traquer les suspects. Le Tribunal révolutionnaire, quant à lui, condamne et punit tous ceux qui s'opposent au gouvernement.
Des représentants du pouvoir central sont envoyés en province pour faire régner l'ordre. Après la révolte de Lyon, Collot d'Herbois et Fouché laissent l'armée détruire une partie de la ville et massacrer 2 000 habitants. À Nantes, Carrier fait fusiller et noyer 6 000 personnes.
La loi du 10 juin 1794 instaure la Grande Terreur : Girondins, nobles, royalistes... tous sont considérés comme des ennemis de la Révolution !
Malgré les victoires militaires remportées contre la coalition, Robespierre se retrouve bientôt isolé et contesté. Effrayés par sa politique, de nombreux députés de la Convention décident de se débarrasser de lui et d'en finir avec la Terreur. Le 27 juillet 1794, Robespierre est arrêté avec ses partisans ; ils seront tous guillotinés le lendemain.

UNE DATE CLÉ

L'arrestation et la mort de Robespierre marquent la fin de l'épisode le plus sombre de la Révolution. Plus de 500 000 personnes ont été emprisonnées et 40 000 ont été guillotinées sous la Terreur !

Tableau d'Alfred Mouillard, XIXe siècle, galerie Dijol, Paris.
Grièvement blessé à la mâchoire,
Maximilien Robespierre est conduit à la guillotine,
dans la charrette des condamnés, avec ses compagnons
Saint-Just et Couthon, ainsi que son frère,
Augustin Robespierre. Il est exécuté le 28 juillet 1794.

5 septembre — Début de la Terreur.
17 septembre — Loi des suspects.
1794
10 juin — Début de la « Grande Terreur ».
28 juillet — Exécution de Robespierre.

1793 — 1794

9 et 10 novembre 1799

Napoléon Bonaparte s'empare du pouvoir

Tableau de François Bouchot, XIXe siècle, musée de Versailles. Bonaparte est accueilli par les huées et les cris des députés qui se sont groupés contre lui. Protégé par quatre grenadiers, il parvient tout juste à se dégager. La confusion est totale. C'est grâce à son frère Lucien qu'il arrive à prendre le pouvoir.

> > **www.napoleon.org**

POURQUOI ? La république épuisée

En 1799, la République française est dans une situation désespérée. Après les défaites militaires et face aux menaces des royalistes et au manque d'argent, le Directoire est désemparé. La France est épuisée. Partout, règnent l'anarchie et la corruption. L'opinion réclame un sauveur. Un nom court sur toutes les lèvres : Napoléon Bonaparte.

L'ÉVÉNEMENT : Le coup d'État du 18 Brumaire

Né en Corse le 15 août 1769, Napoléon Bonaparte quitte sa famille dès l'âge de 9 ans pour mener des études d'officier d'artillerie au sein des écoles militaires royales. Excellent stratège, il devient général à l'âge de 24 ans. Il se couvre de gloire en Italie et part ensuite à la conquête de l'Égypte. À la fin de 1799, il rentre en France où il est accueilli en héros.

Les 9 et 10 novembre 1799 (les 18 et 19 brumaire an VIII selon le calendrier républicain), le général Bonaparte se présente devant les assemblées du Directoire réunies à Saint-Cloud. Il souhaite convaincre les députés de lui accorder les pleins pouvoirs. Peu habitué aux grands débats et accueilli aux cris de « *À bas le dictateur !* », il s'embrouille dans ses propos et doit se retirer.

Menacé d'arrestation, Napoléon est sauvé par son frère Lucien qui est le président de l'Assemblée. Celui-ci demande aux soldats de faire évacuer la salle. Lorsque le général Murat s'écrie : « *Foutez-moi tout ce monde-là dehors !* », les députés s'enfuient pris de panique. Le soir venu, un nouveau gouvernement est proclamé, le Consulat, avec à sa tête Bonaparte.

Le 7 février 1800, la nouvelle Constitution est approuvée au suffrage universel par un plébiscite. Elle place trois consuls à la tête de la république, mais seul le Premier consul nomme les ministres et possède le droit de proposer des lois.

UNE DATE CLÉ

Le coup d'État permet d'écarter le danger d'un retour de la monarchie.
En préservant l'essentiel des acquis de 1789 (l'abolition des privilèges et l'égalité), Bonaparte instaure la paix à l'extérieur, réconcilie la société française et jette les fondations d'une France moderne.
La Révolution est terminée !

1769 – Naissance de Napoléon à Ajaccio.

1780

1796 – Bonaparte devient général de l'armée d'Italie.

1798 – Expédition d'Égypte.

1799 – Coup d'État du 18 Brumaire.

2 décembre 1804

Napoléon Ier empereur des Français

CONTEXTE : Bonaparte réorganise la France

Travailleur acharné, Bonaparte fonde le Conseil d'État qui élabore les lois, installe des préfets à la tête de chaque département et redresse les finances. La Banque de France et une nouvelle monnaie, le franc germinal, sont créées. Bonaparte autorise le retour des nobles émigrés et mène une politique de réconciliation avec les chrétiens en signant avec le pape le Concordat de 1801. Il est aussi à l'origine des lycées et de la Légion d'honneur qui récompense les meilleurs serviteurs de l'État.

UNE DATE CLÉ

La journée du 2 décembre 1804 marque profondément les esprits. À partir de cette date, l'Empereur gouverne seul et se comporte de manière de plus en plus autoritaire. Les opposants sont arrêtés, la presse est surveillée, la police est partout.

L'ÉVÉNEMENT : La fondation de l'Empire

En mars 1804, Napoléon fait promulguer le Code civil qui unifie l'ensemble des lois et du droit français. Le « code Napoléon » confirme l'égalité de tous devant la loi, le droit de propriété et la liberté de culte. Plus de deux siècles après, la moitié de ses articles sont toujours en vigueur.

Bien qu'il ait tous les pouvoirs, Bonaparte n'est pas satisfait. Il lui manque un titre à sa mesure. Le 18 mai 1804, après un vote du Sénat, il est nommé empereur des Français. Il fait approuver cette décision par un nouveau plébiscite ; avec plus de trois millions de votes en sa faveur, le nouvel empereur est rassuré sur sa popularité. Mais il veut encore davantage d'honneur ! Le 2 décembre 1804, dans la cathédrale Notre-Dame, il est sacré empereur par le pape Pie VII et prend le nom de Napoléon Ier. Au cours d'une cérémonie grandiose, il place lui-même la couronne sur sa tête, puis couronne son épouse, Joséphine de Beauharnais.

Napoléon Ier s'entoure d'une cour somptueuse et crée une noblesse d'empire fondée sur le mérite. Il récompense ainsi dix-huit de ses plus fidèles compagnons en les nommant maréchaux de France.

Tableau de Jacques-Louis David, 1806-1807, musée du Louvre, Paris.
Autour du nouvel empereur, posent avec solennité la famille Bonaparte, les dignitaires du régime et les fidèles maréchaux. Monument à la gloire de Napoléon, ce tableau immense (plus de 6 mètres sur 9) est l'une des grandes réussites du peintre Jacques-Louis David. Il lui a fallu plus de deux ans pour l'achever.

>> www.napoleon.org

1799 — 10 novembre : Début du Consulat.

1800

1801 — Signature du Concordat.

1802 — Proclamation du Concordat. L'Angleterre signe la paix d'Amiens.

1803 — Création du franc germinal.

1804 — 21 mars : Publication du Code civil. 2 décembre : Sacre de Napoléon Ier.

Le 2 décembre 1805

L'incomparable victoire d'Austerlitz

Tableau de François-Pascal-Simon Gérard, 1808, Versailles.
La victoire de Napoléon pour le premier anniversaire de son couronnement est totale. Le général Rapp blessé quitte le champ de bataille pour présenter à l'Empereur les drapeaux pris à l'ennemi ainsi que le prince russe Repnine qui vient d'être fait prisonnier. Celui-ci commandait la garde impériale du tsar, l'élite de l'armée russe.

> > **www.histoire-empire.org/index.htm**

UNE BATAILLE CLÉ

La bataille d'Austerlitz consacre l'incroyable génie stratégique de Napoléon qui a remporté davantage de victoires qu'aucun autre chef de guerre (plus d'une quarantaine!). Elle reste aussi le symbole de l'étonnante supériorité militaire de la Grande Armée.

POURQUOI ?
Un stratège contre l'Europe

Pour les souverains britannique, russe, prussien et autrichien, la France impériale et ses idées révolutionnaires représentent une menace permanente. Jamais les vieux monarques européens et leurs régimes féodaux n'accepteront une France moderne dominant le continent.
Après une courte période de paix, la guerre reprend contre ces nations coalisées et leurs troupes de mercenaires. À la tête de la Grande Armée, Napoléon se couvre de gloire en remportant de nombreuses victoires. Génie militaire, il fait de cette armée nationale un corps de soldats d'élite, dévoués corps et âme.

L'ÉVÉNEMENT :
Le soleil d'Austerlitz

Austerlitz est la plus belle victoire de Napoléon tant elle est complète et décisive. La bataille se déroule à 100 kilomètres au nord de Vienne (en Autriche) alors que l'armée française semble en pleine retraite. Avec seulement 78 000 hommes, Napoléon doit faire face, dans des conditions difficiles, à 100 000 Autrichiens et Russes.
L'Empereur réussit à tendre un piège fatal à ses adversaires en leur faisant croire que son armée est épuisée. Il choisit le terrain et conçoit un plan de bataille génial. Il dégarnit son aile droite pour inciter les Austro-Russes à l'attaquer. Dès que ceux-ci ont quitté le plateau du Pratzen, près du village d'Austerlitz qu'ils occupaient, Napoléon attaque le centre russe sur les hauteurs et coupe l'armée ennemie en deux.
Il a passé une partie de la nuit à discuter avec ses soldats. Le 2 décembre 1805 au matin, le magnifique soleil qui se lève révèle à l'ennemi les énormes erreurs qu'il a commises. La Grande Armée combat vaillamment et l'armée austro-russe est anéantie. Plus de 8 000 Autrichiens et Russes sont tués, alors que la France ne perd que 1 300 soldats.

1805 Victoire d'Austerlitz. Les Autrichiens et les Russes sont vaincus.

1806 Victoire de Iéna. Les Prussiens sont vaincus.

1807 Victoire de Friedland. Les Russes sont vaincus.

1808

1809 Victoire de Wagram. Les Autrichiens sont vaincus.

1811

Napoléon, maître de l'Europe

CONTEXTE : L'apogée de l'Empire

La France napoléonienne atteint son apogée, elle a réussi à briser les quatre coalitions européennes réunies par l'Angleterre. De remarquables progrès économiques sont réalisés, les arts, les sciences et les lettres sont encouragés. Depuis le Tibre en Italie jusqu'aux Bouches-de-l'Elbe en Allemagne, la France impériale comprend désormais 130 départements.
Dans les pays voisins, Napoléon crée des États vassaux dirigés par des membres de sa famille ou par des princes qui lui sont entièrement dévoués.

UNE PÉRIODE CLÉ

Sous le poids de la domination française, les peuples des pays occupés se révoltent et prennent conscience qu'ils forment chacun une nation libre avec sa propre langue et sa propre histoire. Un véritable sentiment national se développe, notamment en Allemagne et en Italie où des patriotes réclament l'indépendance pour leur peuple.

LES ÉVÉNEMENTS : Diffuser la Révolution

Après avoir répudié l'impératrice Joséphine, Napoléon épouse en mars 1810 Marie-Louise, la fille de l'empereur d'Autriche. Le 20 mars 1811, la naissance de l'héritier tant attendu, le petit roi de Rome, est célébrée avec un faste inouï.
L'Empereur fait triompher les idées de la Révolution à travers l'Europe. Il diffuse le code Napoléon, fait supprimer les privilèges, et ouvre à tous l'accès aux fonctions les plus prestigieuses. Dans les pays vassaux, il abolit les droits seigneuriaux et nationalise les biens du clergé. Son action politique lui vaut d'être d'abord bien apprécié par de nombreux Italiens, Polonais et Allemands.
Mais Napoléon se montre de plus en plus autoritaire et tyrannique. En Espagne, ses tentatives pour supprimer les droits féodaux et instaurer l'égalité civile sont un échec. Le soulèvement du peuple soutenu par le clergé fait échouer ses réformes. Partout en Europe, des révoltes éclatent contre les Français.
L'Angleterre continuant la guerre, l'Empereur met en place un blocus continental économique pour ruiner son commerce.

En 1811, l'empire de Napoléon atteint sa plus grande extension. Il compte 130 départements français proprement dits en plus des pays vassaux. Le frère de l'Empereur Joseph règne sur l'Espagne, son frère Louis sur la Hollande jusqu'en 1810, son autre frère Jérôme sur le royaume de Westphalie, et enfin son beau-frère Murat, époux de sa sœur Caroline, sur le royaume de Naples.

>> perso.wanadoo.fr/buddyop/napoleon/biographie/empire4.htm

1808 Début du soulèvement espagnol.

1809

1810 Mariage de Napoléon et de Marie-Louise d'Autriche.

1811 Naissance du roi de Rome.

1812 Début de la campagne de Russie.

1815

Waterloo : fin de l'épopée napoléonienne

POURQUOI ? Seul contre tous

En voulant envahir l'immense Russie en 1812, Napoléon commet sa plus grande erreur. La Grande Armée est vaincue par le froid qui atteint parfois - 30 °C !
Seul contre l'Europe entière, l'Empereur perd un à un tous les pays qu'il avait conquis. Contraint d'abandonner le pouvoir une première fois en 1814, il est exilé sur l'île d'Elbe. Mais il réussit à s'évader et débarque sur la plage du golfe Juan le 1er mars 1815. En vingt jours, il remonte vers Paris avec une petite troupe de 500 hommes et reconquiert son trône sans verser une seule goutte de sang.

UNE DATE CLÉ

Napoléon décide de se rendre aux Anglais, qui l'emprisonnent sur Sainte-Hélène, une petite île perdue dans l'océan Atlantique. Il y meurt, abandonné de tous, en 1821. Pendant ce temps, Louis XVIII est placé sur le trône par les puissances coalisées. Le roi finit par accorder aux Français une Charte qui garantit les principaux acquis de 1789.

LES ÉVÉNEMENTS : Une incroyable journée

En mai 1815, Napoléon réunit en toute hâte une armée de plus de 100 000 vétérans, et décide d'attaquer les Anglais et les Prussiens en Belgique. Après une dernière victoire, à Ligny sur les Prussiens du général Blücher, il ordonne au maréchal Grouchy de les poursuivre.
Le 18 juin, l'Empereur affronte les Anglais du général Wellington, retranchés sur le plateau de Mont-Saint-Jean, près de Waterloo, au sud de Bruxelles. Il compte sur le soutien des divisions de Grouchy.
Comme le sol est détrempé, la cavalerie française ne parvient pas à enfoncer l'infanterie anglaise formée en carré. Les cuirassiers français dirigés par le maréchal Ney chargent cinq fois les forces anglaises.
Vers 18 heures, la victoire semble acquise, quand, soudain, les Prussiens surgissent sur les arrières de l'armée française et sèment l'affolement ! L'armée française prise entre deux feux ennemis résiste avec un courage inouï, mais elle est bientôt saisie de panique. Commandés par le général Cambronne, les grenadiers de la garde impériale choisissent de mourir plutôt que de se rendre. Mais ils ne peuvent empêcher la victoire des Anglo-Prussiens.

Tableau de Félix-Henri-Emmanuel Philippoteaux, XIXe siècle, The Wellington Museum, Londres.
Ce tableau représente la charge, devenue célèbre, des cuirassiers français contre l'infanterie anglaise formée en redoutables carrés. Bien que les assauts furieux des Français aient commencé à ébranler les rangs anglais, l'arrivée des Prussiens provoque la plus grande défaite qu'ait connue Napoléon.

> > bcosenza.free.fr/index.html

1813 Défaite de Leipzig en Allemagne.

1814 Abdication de Napoléon Ier.

1815 20 *mars* : Napoléon reprend le pouvoir. Début des Cent-Jours. 18 *juin* : Défaite de Waterloo. 22 *juin* : Napoléon abdique.

1817

1819

1821 Mort de Napoléon à Sainte-Hélène.

27, 28 et 29 juillet 1830

La révolution des Trois Glorieuses

Tableau d'Eugène Delacroix, 1830, musée du Louvre, Paris.
Le peintre Delacroix a célébré les « Trois Glorieuses » en représentant, sur une barricade, les trois personnages emblématiques de la Révolution : une femme coiffée d'un bonnet phrygien symbolisant la France, un petit Parisien (un « gavroche »), et un jeune bourgeois tenant un fusil.

UNE DATE CLÉ

Les révolutionnaires ont gagné ! Le 30 juillet 1830, La Fayette présente le successeur de Charles X : le duc d'Orléans. Sous le nom de Louis-Philippe, il fonde un nouveau régime politique, la monarchie de Juillet.

LE CONTEXTE : Un retour à l'Ancien Régime

À la mort de Louis XVIII en 1824, c'est son frère, le comte d'Artois, qui lui succède sous le nom de Charles X. Nettement plus autoritaire que son prédécesseur, il défend les idées des royalistes extrémistes, les ultras. Il n'hésite pas à limiter les libertés publiques notamment en censurant la presse. C'est pourquoi il est vivement contesté par les républicains et même par des royalistes.

L'ÉVÉNEMENT : Les Trois Glorieuses

Certains royalistes, comme La Fayette, souhaitent remplacer le roi Charles X par son cousin, le duc d'Orléans, qui est beaucoup plus libéral. Début juillet 1830, les adversaires du régime gagnent les élections à la Chambre des députés. Mais le roi refuse de reconnaître cette nouvelle assemblée qui ne lui est pas favorable. Le 25 juillet, il prend une série de lois très autoritaires. Ces ordonnances prévoient notamment le rétablissement de la censure et la dissolution de la nouvelle Chambre des députés.
Le 26 juillet, les journalistes et les étudiants de la capitale se réunissent pour résister au pouvoir. Le lendemain, bourgeois, artisans et ouvriers dressent des barricades rue Saint-Honoré et devant le Palais-Royal. Les insurgés sont rapidement écrasés par les troupes du maréchal de Marmont chargé de rétablir l'ordre.
Pourtant le 28, le mouvement s'étend. C'est une véritable révolution ! Plus de 8 000 hommes défendent avec acharnement les barricades de l'Est parisien. Les députés tentent de servir d'arbitres entre le roi et le peuple, mais en vain.
Le 29, les révolutionnaires prennent le contrôle de Paris. La pression est trop forte. Le soir même, Charles X retire les ordonnances, avant de quitter discrètement Paris.

1824
16 septembre : Mort de Louis XVIII et avènement de Charles X.

1825

1830
27, 28 et 29 juillet : Les « Trois Glorieuses ».
2 août : Abdication de Charles X.
9 août : Louis-Philippe, roi des Français.

1830

Le début de la conquête de l'Algérie

LE CONTEXTE : Un geste de colère

Depuis plusieurs années, l'Algérie est une province de l'Empire ottoman, placée sous le contrôle militaire d'un représentant du sultan, le dey. Mais les relations de ce dernier avec le roi de France Charles X ne sont pas très bonnes.

Au cours de négociations à propos de livraisons de blé faites jadis au Directoire, le dey Husayn s'emporte jusqu'à frapper le consul français de son chasse-mouches. Pour Charles X, c'est un affront qu'il faut venger !

UNE DATE CLÉ

Au milieu du XIXe siècle, la France n'a conquis qu'une bande de terres au nord de l'Algérie. Il lui faut encore soixante ans pour dominer progressivement le Sud algérien. Pourtant, en 1847, 109 000 Européens se sont déjà installés dans ce pays qui devient une colonie française.

L'ÉVÉNEMENT : Une conquête lente et difficile

Pendant presque trois ans, le roi de France se contente de menacer le dey. Mais en 1830, il décide d'organiser une expédition punitive en Algérie, commandée par le général de Bourmont. Par ce coup de force, il espère conquérir le port d'Alger mais surtout renforcer son autorité et son prestige auprès des Français.

Partie le 24 mai, la flotte composée de 450 navires parvient aux environs d'Alger une semaine plus tard. Un combat acharné s'engage entre les soldats français et l'armée d'élite du dey, les janissaires. Le 4 juillet, le général de Bourmont fait bombarder la ville d'Alger qui se rend le lendemain.

La France occupe une partie de la côte algérienne. Mais elle se heurte bientôt à un redoutable adversaire : l'émir Abd el-Kader. Celui-ci livre contre les troupes du général Bugeaud une véritable guerre sainte. La France tente d'abord de négocier en signant deux traités, en 1834 et 1837. Mais la guerre ne tarde pas à reprendre.

À partir de 1840, Bugeaud organise la conquête d'une grande partie de l'Algérie.

Le corps expéditionnaire français, qui compte 37 000 hommes, une centaine de bâtiments de guerre ainsi qu'une importante escadrille de débarquement, parvient enfin, le 31 mai 1830, dans le port d'Alger.

Les Français parviennent même à s'emparer de la capitale de l'émir, la Smala, le 16 mai 1843. Abd el-Kader finit par se rendre quatre ans plus tard.

1830 Prise d'Alger.

1835

1843 Prise de la Smala d'Abd el-Kader.

1847 Reddition d'Abd el-Kader.

1857 Conquête de la Kabylie.

1848

La révolution de février 1848

Tableau de Félix-Henri-Emmanuel Philippoteaux, XIXe siècle, musée du Petit Palais, Paris.
Le 25 février 1848, devant l'Hôtel de ville de Paris, le ministre des Affaires étrangères du gouvernement provisoire, Alphonse de Lamartine, rejette officiellement le drapeau rouge et fait adopter le drapeau tricolore comme emblème de la France.

UNE DATE CLÉ

La IIe République suscite d'abord un grand espoir dans toute la France. Mais elle devient de plus en plus conservatrice, et se révèle incapable de satisfaire les revendications sociales des classes populaires.

LE CONTEXTE : Un régime critiqué

Venu au pouvoir après le renversement de Charles X en 1830, Louis-Philippe est de plus en plus contesté. À droite, certains royalistes veulent le retour des Bourbons sur le trône. La gauche souhaite l'instauration d'une république et le suffrage universel. Comme toute réunion est interdite, les opposants organisent des banquets afin d'exposer leurs idées. Mais le 21 février 1848, le gouvernement interdit la tenue d'un grand banquet à Paris.

L'ÉVÉNEMENT : La IIe République

Dès le lendemain, pour protester contre l'interdiction, les ouvriers et les étudiants organisent des manifestations dans la capitale.

Le 23, la garde nationale se rallie au mouvement, ce qui provoque la démission du ministre des Affaires étrangères, François Guizot. Une fusillade éclate sur le boulevard des Capucines. Des gardes du ministère des Affaires étrangères tuent plusieurs manifestants. C'est l'insurrection générale !

Le 24, les révolutionnaires édifient des barricades et livrent contre les forces de l'ordre des combats acharnés. Certains manifestants se dirigent vers les Tuileries, la résidence du roi. Effrayé, Louis-Philippe choisit d'abdiquer. Aussitôt, le Gouvernement provisoire est formé par les républicains à l'Hôtel de Ville. Parmi les ministres figurent le savant François Arago et le poète Alphonse de Lamartine.

De février à mai 1848, le nouveau gouvernement va prendre une série de mesures politiques capitales. Il proclame le droit au travail pour tous ainsi que la liberté de réunion, de presse et de pensée. Pour régler le problème du chômage, il ouvre les ateliers nationaux, des chantiers destinés aux sans-emploi. Le 2 mars, il établit le suffrage universel. Le 27 avril, il abolit définitivement l'esclavage. Le 4 mai, la République est officiellement proclamée.

24 février – Abdication de Louis-Philippe.

2 mars – Proclamation du suffrage universel.

27 avril – Abolition définitive de l'esclavage.

4 mai – La République est proclamée.

1848

2 décembre 1851

Louis Napoléon Bonaparte prend le pouvoir

La France devient sous Napoléon III l'une des toutes premières puissances économiques mondiales. Paris est transformée en capitale moderne. Le baron Haussmann rase les quartiers insalubres, trace de vastes boulevards, les éclaire avec des becs de gaz et aménage de grands parcs à la périphérie de la cité.

> > napoleontrois.free.fr

UNE DATE CLÉ

Après un début autoritaire, le Second Empire se libéralise les années suivantes. C'est une période de prospérité économique, marquée par l'extension du réseau des voies ferrées, le développement des banques et la réalisation de grands travaux à Paris. Napoléon III réussit aussi à rattacher à la France deux nouveaux territoires : Nice et la Savoie.

QUI EST-IL?
L'héritier de Napoléon

Neveu de Napoléon Ier, Louis Napoléon Bonaparte se considère comme son héritier. En 1848, il est élu député à l'Assemblée constituante. Après les troubles révolutionnaires, de nombreux Français pensent que le descendant de l'Empereur est le mieux placé pour leur apporter l'ordre et la tranquillité qu'ils réclament. Profitant du prestige de son nom, Louis Napoléon est donc facilement élu président de la République en décembre 1848.

L'ÉVÉNEMENT :
Le coup d'État

Très populaire, le prince-président se pose habilement en protecteur des faibles et en défenseur du suffrage universel. Or, un article de la Constitution interdit au président sortant d'être à nouveau candidat à l'élection de mars 1852. Louis Napoléon Bonaparte décide donc de perpétrer un coup d'État afin de s'emparer du pouvoir. Bénéficiant du soutien de l'armée et de la police, il prépare secrètement, avec quelques fidèles, l'opération prévue pour le 2 décembre, jour anniversaire du sacre de son oncle et de la bataille d'Austerlitz.

Au petit matin, l'Assemblée est occupée par la troupe ; les hommes politiques influents sont arrêtés. Louis Napoléon Bonaparte rétablit le suffrage universel et annonce aux Français l'organisation prochaine d'un plébiscite pour savoir s'ils approuvent son action.

Le lendemain, le 3 décembre 1851, les républicains tentent d'élever des barricades ; des soulèvements isolés éclatent dans une quinzaine de départements. L'ordre est brutalement rétabli par l'armée et la répression est terrible : 10 000 personnes sont déportées en Algérie. Le 20 décembre, lors d'un plébiscite, les Français approuvent massivement le coup d'État.

Un an plus tard, le 2 décembre 1852, Louis Napoléon rétablit l'Empire et prend le nom de Napoléon III.

1848 Louis Napoléon Bonaparte élu président de la République.

1851 Coup d'État de Louis Napoléon Bonaparte.

1852 Proclamation du Second Empire.

1855

1860 Cession de Nice et de la Savoie à La France.

1862

Victor Hugo publie *Les Misérables*

POURQUOI ? Un écrivain engagé

Né en 1802, Victor Hugo est le fils d'un brillant général de Napoléon. Durant sa jeunesse, il est partagé entre la nostalgie de l'Empire et le soutien aux royalistes.
À la fois poète et romancier, Hugo apparaît après 1830 comme le chef de file de l'école romantique. Il devient très jeune une célébrité internationale avec sa pièce *Hernani* et son roman *Notre-Dame de Paris*. Académicien dès 1841, il se fait le champion de la légende napoléonienne.
La révolution de 1848 réveille sa conscience républicaine. Élu député, il défend le suffrage universel, la « *Révolution des peuples* » et appelle à la création des États-Unis d'Europe.

Tableau de Léon Bonnat, vers 1879, musée de Versailles. Génie du siècle, héros national, Victor Hugo s'est forgé en soixante-dix ans une stature de géant des lettres françaises. Romans, poésie, théâtre… toute son œuvre est monumentale.

>> **www.paris.fr/musees/maison_de_victor_hugo**

LES ÉVÉNEMENTS : Un des plus grands écrivains français

En 1851, Victor Hugo condamne le coup d'État du président Louis Napoléon Bonaparte et s'exile volontairement sur l'île anglo-normande de Guernesey, où il résidera jusqu'à la chute de l'Empire.
Depuis sa retraite solitaire, il publie, en 1862, *Les Misérables*, un roman qui retrace la vie de Jean Valjean, un ancien forçat devenu industriel, confronté à l'injustice. Hugo y décrit avec précision la France des années 1830, et manifeste son intérêt pour les personnes victimes de l'oppression et de la misère. Il se montre particulièrement sensible au sort des humbles et à la condition ouvrière.
Ce chef-d'œuvre est accueilli avec un enthousiasme incroyable en France et dans de nombreux pays où il est rapidement traduit. On raconte que les ouvriers se cotisaient pour acheter *Les Misérables* et se le passaient de main en main.
Certains personnages du livre, comme le petit Gavroche tué par les soldats de Louis-Philippe, deviennent des figures très populaires. Cosette, l'enfant martyr, Javert, le policier, Fantine, la prostituée au grand cœur, ou le couple Thénardier sont toujours aussi familiers des Français, un siècle et demi plus tard. Victor Hugo, lui-même, était conscient de l'importance des *Misérables*. « *Ma conviction est que ce livre sera l'un des principaux sommets, sinon le principal de mon œuvre* », écrivait-il en mars 1862.

UN PERSONNAGE CLÉ

Après dix-nauf ans d'exil, Victor Hugo rentre à Paris, au lendemain de la proclamation de la IIIe République, le 5 septembre 1870. Élu à l'Assemblée, il poursuit son combat contre la peine de mort, pour les États-Unis d'Europe, et pour l'émancipation des femmes. À sa mort, en 1885, la France lui offre des funérailles nationales, car il symbolise à la fois la République et la culture françaises.

- **1802** Naissance de Victor Hugo.
- **1820**
- **1830** La « bataille » d'*Hernani*.
- **1851** Début de l'exil.
- **1853** *Les Châtiments*.
- **1862** *Les Misérables*.
- **1870**
- **1885** Mort de Victor Hugo.

1863–1880

Le temps des impressionnistes

Tableau de Claude Monet, 1872, musée Marmottan, Paris.
Première œuvre impressionniste, ce tableau de Claude Monet intitulé *Impression. Soleil levant* a été exposé pour la première fois en 1874 dans le studio du photographe Nadar. Il représente le port du Havre dans la brume de l'aube.

> > **www.impressionniste.net**

UN ART CLÉ
Les impressionnistes ont inventé la peinture moderne. Ils ne cherchent pas à représenter la réalité telle qu'elle est mais telle qu'ils la perçoivent.

LE CONTEXTE : Un nouveau regard

Jusqu'aux années 1860, les artistes français privilégient les scènes historiques ou les portraits de grands personnages. Ils considèrent que la peinture doit être une représentation idéale et harmonieuse de la réalité. Mais les progrès techniques vont transformer l'art en profondeur. L'invention de la photographie incite les peintres à ne plus se contenter de reproduire la réalité.

L'ÉVÉNEMENT : Impression. Soleil levant

En 1863, Édouard Manet expose deux tableaux, *Le Déjeuner sur l'herbe* et *Olympia*, qui provoquent aussitôt un scandale. Le peintre est accusé de ne pas respecter les volumes et les perspectives. En plus, il a osé représenter des corps nus à la chair pâle et crue.
Rapidement, un petit groupe d'admirateurs se forme autour de Manet. Parmi eux, un certain Claude Monet. Le peintre s'installe avec son chevalet sur les bords de Seine et les plages de Normandie. Par petites touches de couleurs, il peint les reflets du soleil, le tremblement de l'eau mais aussi les brumes et la fumée. En 1874, il expose un tableau révolutionnaire, *Impression. Soleil levant*, qui représente le port du Havre dans le brouillard de l'aube. Pour ridiculiser l'œuvre, un critique emploie le mot « impressionniste ». Le mouvement a trouvé son nom !
Les impressionnistes cultivent leurs différences. Ainsi Auguste Renoir peint surtout des personnages, seuls ou en groupe, dans des ambiances souvent gaies et festives. Les œuvres de Camille Pissarro évoquent la campagne de la région parisienne. Alfred Sisley s'intéresse aux mouvements de l'eau et aux effets du brouillard.

1863 *Le Déjeuner sur l'herbe* d'Édouard Manet.

1870

1872 *Impression. Soleil levant* de Claude Monet.

1876 *Bal du moulin de la Galette* d'Auguste Renoir.

1878 *Inondations à Port-Marly* d'Alfred Sisley.

1870

Napoléon III est fait prisonnier à Sedan

CONTEXTE : L'inutile guerre de 1870

En juillet 1870, Napoléon III, très malade, se laisse entraîner par son entourage dans une guerre contre la Prusse alors que son régime semble plus que jamais consolidé. L'armée française ne compte que 250 000 hommes mal préparés, mal commandés et mal organisés. De leur côté, la Prusse et ses alliés allemands massent plus de 600 000 soldats !

UNE DATE CLÉ

Conséquence de la défaite de 1870, la France doit signer, le 10 mai 1871, le traité de Francfort qui cède à l'Allemagne l'Alsace et une partie de la Lorraine. Dès lors la France ne cessera de préparer « la revanche », considérant l'Allemagne comme son ennemie héréditaire. Ce sera l'une des causes de la Grande Guerre de 1914-1918.

L'ÉVÉNEMENT : Le désastre de Sedan

Malgré leur courage, les soldats français sont écrasés. En moins d'un mois, l'armée principale commandée par l'empereur en personne est encerclée à Sedan dans les Ardennes.

Le 1er septembre, au matin, débute la bataille décisive. Écrasée par plus de 700 canons allemands, l'armée française se bat avec l'énergie du désespoir. Brisé par la maladie, Napoléon III est pourtant à la tête de ses troupes. Refusant de sacrifier davantage d'hommes, il ordonne lui-même la capitulation et se rend au chancelier prussien Bismarck.

À Paris, le 4 septembre 1870, la IIIe République est proclamée. Napoléon III est détrôné et doit s'exiler à Londres où il mourra dans la solitude, trois ans plus tard. Cependant, le gouvernement républicain, animé par Léon Gambetta, poursuit la guerre.

Dès la fin septembre, Paris est assiégé par les Prussiens. Malgré la résistance héroïque des Parisiens, un armistice est finalement signé le 28 janvier 1871. Dix jours plus tôt, le 18 janvier, les Prussiens ont proclamé triomphalement l'Empire d'Allemagne dans la galerie des Glaces du palais de Versailles.

Tableau d'Aimé Morot, 1887, Armée de Terre, 3e régiment de cuirassiers, France.
La guerre de 1870 a révélé l'impréparation de l'armée française. Face à l'armée prussienne, l'infanterie française est bien inférieure en nombre et commandée par des généraux médiocres. Malgré cela, les soldats français font preuve d'un héroïsme et d'un patriotisme inébranlables.

>> napoleontrois.free.fr/1870.htm

1860 Début de l'Empire libéral.

1865

1870 19 juillet : Début de la guerre franco-prussienne. 2 septembre : Défaite de Sedan. 4 septembre : Proclamation de la IIIe République.

1871 Signature de l'armistice.

Mars à mai 1871

La Commune de Paris

LE CONTEXTE : L'humiliation de la défaite

Le petit peuple parisien n'accepte pas la défaite face aux Prussiens et s'oppose à la nouvelle Assemblée dominée par des royalistes et favorable à la paix. Effrayées par cette réaction, les différentes institutions de l'État vont multiplier les provocations. L'Assemblée décide de se retirer à Versailles. De plus, le chef du gouvernement, Adolphe Thiers, ordonne, le 18 mars 1871, le désarmement de Paris.

UNE PÉRIODE CLÉ

Plus de 45 000 communards sont arrêtés : 20 000 sont fusillés et 13 000 condamnés à la déportation !
Le mouvement révolutionnaire mettra plusieurs années à s'en remettre.
La Commune de Paris est bien la dernière révolution populaire du XIXe siècle.

LES ÉVÉNEMENTS : Les communards écrasés

Des soldats tentent de s'emparer des canons de la garde nationale, situés à Montmartre… Aussitôt, les Parisiens se soulèvent et font échouer l'opération. Ce sont pour la plupart des artisans, des ouvriers, des petits commerçants et des journalistes, inspirés par les révolutions de 1789 et 1848. À l'issue d'élections municipales, ils forment la « Commune de Paris » qui exerce le pouvoir dans la capitale.

La Commune de Paris vote des mesures sociales, notamment la journée de dix heures, la séparation de l'Église et de l'État, l'instruction gratuite, laïque et obligatoire, le remplacement de l'armée par des milices populaires.

Mais Adolphe Thiers se montre implacable. Le 21 mai 1871, il lance 130 000 soldats à l'assaut de la Commune qui, au bout d'une semaine, est écrasée dans le sang par les « versaillais ». C'est la Semaine sanglante. Au cimetière du Père-Lachaise, les derniers communards sont froidement fusillés par les soldats de la République.

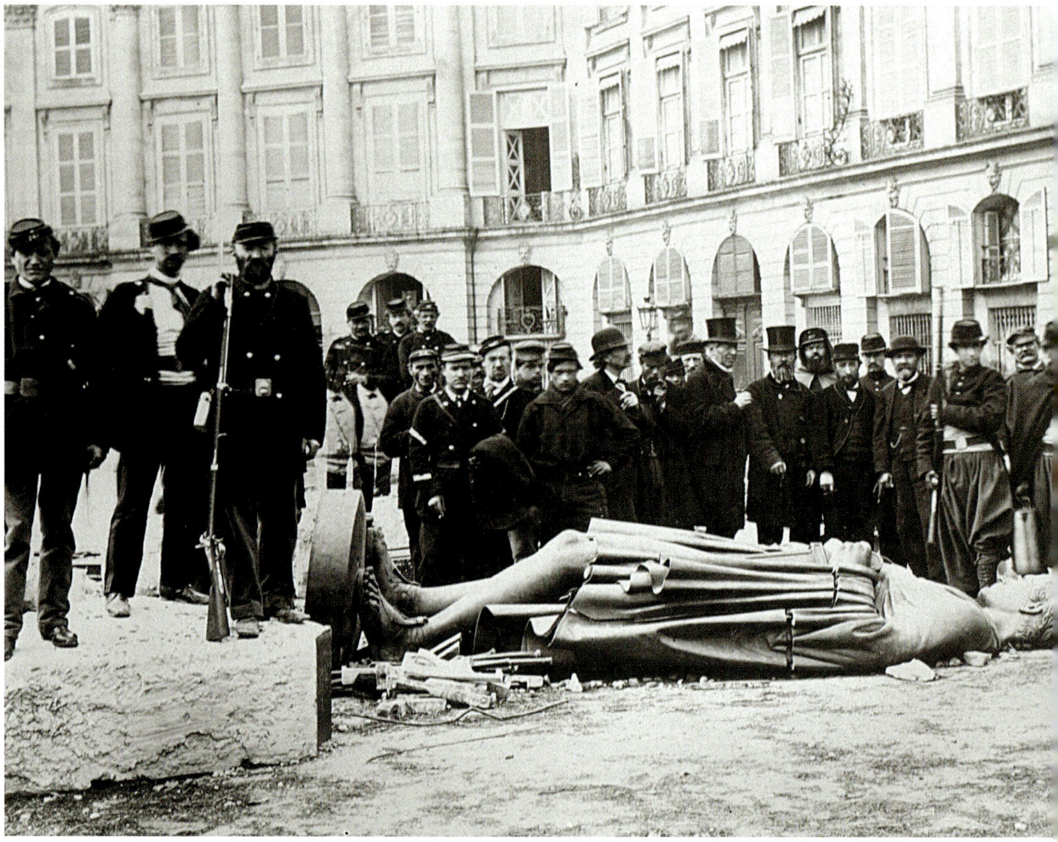

Le 16 mai 1871, les communards font abattre la colonne Vendôme, érigée entre 1806 et 1810 par Napoléon à la gloire de la Grande Armée. Ils manifestent ainsi leur haine du régime impérial. Sur cette photographie, ils posent autour de la statue de Napoléon Ier qui surmontait la colonne.

1870

Septembre

4 septembre : Proclamation de la République.
Fin septembre : Paris assiégé par les Prussiens.

1871

28 janvier : Armistice et capitulation de Paris.

18 mars : Début de la Commune.

10 mai : Traité de Francfort.

21-28 mai : « Semaine sanglante ».

1881-1884

Les grandes lois de Jules Ferry

Une classe de Buigny-lès-Gamaches, vers 1906, musée national de l'Éducation, Rouen. Jules Ferry entend bâtir la république dans les salles de classe. Son nom reste à jamais inséparable de l'éducation nationale. L'univers scolaire est à cette époque tout entier consacré à exalter les vertus de la république. Ferry espère aussi en exporter les idéaux dans les terres lointaines de l'empire colonial français.

DES DATES CLÉS

L'école est devenue le principal moyen de promotion sociale pour des générations d'élèves. Grâce à ses lois sur les libertés et sur l'enseignement, Jules Ferry a réussi à lier définitivement les Français à la République pour en faire des citoyens instruits, de bons républicains et de fervents patriotes.

LE CONTEXTE :
La IIIe République

En 1880, Jules Ferry devient chef du gouvernement de la IIIe République. Courageux et travailleur, il va inspirer la plupart des grandes lois qui consolideront la République. Il met en avant notamment l'importance primordiale de l'enseignement pour l'avenir de la France.

LES ÉVÉNEMENTS :
L'école républicaine

Jules Ferry est convaincu que la promotion sociale doit dépendre du mérite et des diplômes et non pas de la fortune ou de la naissance. C'est pourquoi il s'applique d'abord à réformer l'enseignement primaire qui est sous le contrôle des organisations religieuses. Comme de nombreux républicains, il pense que l'Église est un frein au progrès et qu'elle maintient volontairement le peuple dans l'ignorance ou la soumission. Il souhaite aussi développer l'enseignement des filles.

Par la loi du 16 juin 1881, Jules Ferry établit la gratuité de l'enseignement primaire. Puis il fait voter une loi qui rend l'enseignement primaire obligatoire pour tous les enfants. Désormais, garçons et filles de 6 à 13 ans devront aller à l'école, et ne seront plus autorisés à travailler à l'usine.

Par la loi du 28 mars 1882, l'enseignement dans les écoles publiques devient laïque, c'est-à-dire neutre en matière de religion.

Enfin, Jules Ferry fait construire des milliers d'écoles et des écoles normales pour la formation des instituteurs.

Après l'instruction des jeunes, Jules Ferry désire assurer aux citoyens l'exercice des libertés fondamentales, notamment la liberté de réunion et la liberté de la presse. En 1884, il fait voter une loi autorisant les ouvriers à former des syndicats afin de mieux se protéger.

1880 – Jules Ferry, chef du gouvernement.

1881 – Loi sur l'enseignement primaire.

1882 – Loi sur l'enseignement laïque des écoles publiques.

1883

1884 – Loi sur la liberté des syndicats.

1885 – Chute du second ministère Jules Ferry.

1885

La découverte du vaccin contre la rage

Louis Pasteur injecte dans le ventre du petit Joseph Meister des extraits de moelle de lapins morts de la rage. Il répète cette opération pendant dix jours, en lui administrant à chaque fois de la moelle un peu plus virulente. Le jeune garçon, soutenu par la présence de sa mère, fait preuve d'un grand courage.

> > **www.pasteur.fr/pasteur/histoire**

POURQUOI ? La vaccination

En 1796, le médecin anglais Edward Jenner découvre, après plusieurs années de recherches, le moyen d'immuniser l'homme contre la variole par inoculation de la vaccine. Moins d'un siècle plus tard, le chimiste et biologiste français Louis Pasteur se lance dans la fabrication d'un vaccin contre une terrible maladie, la rage.

L'ÉVÉNEMENT : De l'animal à l'homme

Louis Pasteur (1822-1895), qui a déjà effectué de nombreuses découvertes capitales dans le domaine de la fermentation et de la conservation des aliments, mène dans son laboratoire, depuis 1881, des expériences afin d'élaborer un vaccin préventif contre la rage.

Il extrait la moelle de lapins enragés qu'il mélange à un bouillon de veau. Pendant deux semaines, il inocule chaque jour ces tissus à des chiens en bonne santé. Il commence par la moelle la plus ancienne (donc la moins dangereuse) et termine par la moelle la plus active (celle qui vient d'être extraite du lapin). Ensuite, il injecte le virus de la rage à 50 chiens. Aucun des chiens ainsi vaccinés puis contaminés ne contracte la rage !

Le 6 juillet 1885, Pasteur reçoit la visite de trois personnes venues d'Alsace, dont un petit garçon de 9 ans nommé Joseph Meister, qui a été mordu deux jours plus tôt par un chien enragé. Pour tenter de sauver l'enfant, Pasteur, en présence des docteurs Vulpian et Grancher, va pendant dix jours lui injecter dans le ventre des extraits de moelle de lapins morts de la rage. Le dernier jour, il lui donne la moelle la plus dangereuse, celle qui a été prélevée la veille. Fin août, le garçon est toujours en bonne santé. La maladie ne s'est pas déclarée ! Pasteur vient de prouver l'efficacité sur l'homme du vaccin contre la rage.

UN SUCCÈS CLÉ

En 1888 est fondé à Paris, selon le vœu de Pasteur, un institut scientifique qui porte son nom. Cette fondation va permettre à des générations de chercheurs de poursuivre des recherches. À sa mort, Pasteur est considéré dans le monde entier comme un bienfaiteur de l'humanité.

1857 Recherches sur la fermentation.

1865 Invention de la pasteurisation.

1875

1885 Pasteur inocule le premier vaccin contre la rage.

1888 Fondation de l'Institut Pasteur.

15 mai 1889

L'inauguration de la tour Eiffel

LE CONTEXTE : L'Exposition universelle

Pour commémorer les cent ans de la Révolution française, une Exposition universelle est organisée à Paris entre mai et octobre 1889. À travers cette gigantesque manifestation, les dirigeants français souhaitent non seulement célébrer la IIIe République, mais aussi faire un peu oublier la crise économique qui touche la France depuis 1872.

UNE DATE CLÉ

À partir de cette époque et grâce à l'audace de Gustave Eiffel, l'architecture en fer n'est plus réservée aux gares et aux ponts. La tour Eiffel, mariage réussi de l'art et de l'industrie, devient le symbole de la France moderne.

L'ÉVÉNEMENT : Un Meccano géant !

Comment donner de l'attrait à la future Exposition universelle ? En 1884, deux ingénieurs, Émile Nouguier et Maurice Kœchlin, imaginent une tour de 300 mètres, formée de piles et de pylônes métalliques. Ce vaste projet, dessiné par l'architecte Stephen Sauvestre, est confié à Gustave Eiffel, un constructeur spécialisé dans les charpentes métalliques, qui a déjà réalisé la gare de Pest en Hongrie, et vient juste de terminer le viaduc de Garabit en Auvergne.

En 1886, le projet remporte le concours lancé par le gouvernement pour la future exposition. Les travaux commencent dès janvier 1887. Dans l'usine de Levallois-Perret, sous la direction de Gustave Eiffel, les ouvriers façonnent les 18 000 pièces de la tour.

Sur le chantier, situé au Champ-de-Mars, 200 personnes hissent, à l'aide de grues à vapeur, les éléments de ce Meccano de 7 300 tonnes. Achevée le 31 mars 1889, la tour est inaugurée le 15 mai, jour de l'ouverture de l'Exposition universelle. Le succès est immédiat, malgré les critiques émises par certaines personnalités comme l'écrivain Maupassant. La tour Eiffel accueille deux millions de visiteurs entre mai et octobre.

En mai 1888, la première plate-forme de la tour Eiffel est achevée. Cette photographie permet de voir les puissants échafaudages de poutrelles métalliques sur lesquels travaillaient les ouvriers du chantier.

>> www.tour-eiffel.fr

1884 — Construction du viaduc de Garabit.

Janvier 1887 — CONSTRUCTION DE LA TOUR EIFFEL.

31 mars 1889

15 mai 1889 — Ouverture de l'Exposition universelle et inauguration de la tour Eiffel.

6 octobre 1889 — Fin de l'Exposition universelle de Paris.

1894

L'affaire Dreyfus

Une du *Petit Journal* du 13 janvier 1895. Dans la grande cour de l'École militaire, le 5 janvier 1895, le capitaine Alfred Dreyfus est dégradé publiquement. L'adjudant Bouxin, membre de la garde républicaine, arrache ses insignes, prend son sabre et le brise. Il le contraint ensuite à défiler devant la troupe.

> > **hgtice.free.fr/dossiers/dreyfus.htm**

POURQUOI ? Une affaire d'espionnage

En 1894, une lettre mystérieuse est dérobée à l'ambassade d'Allemagne par les Services de renseignement français. Ce bordereau anonyme annonce à l'attaché militaire allemand l'envoi de documents confidentiels sur l'armée française. Il y aurait donc un espion parmi les officiers français !

LES ÉVÉNEMENTS : Une dramatique erreur judiciaire

Le ministre de la Guerre, le général Mercier, accuse le capitaine Alfred Dreyfus, un officier d'origine juive, d'en être l'auteur. Il s'appuie sur la ressemblance entre son écriture et celle du bordereau. Le 15 octobre 1894, Alfred Dreyfus, qui clame son innocence, est arrêté. Il est condamné par le tribunal de guerre à la déportation à vie, puis dégradé publiquement, le 5 janvier 1895. Le 21 février, il est déporté, en Guyane, à l'île du Diable.
Mathieu Dreyfus, frère du condamné, et l'écrivain Bernard Lazare refont l'enquête. Ils parviennent à prouver que l'écriture du bordereau est en fait celle d'un autre officier : le commandant Esterhazy !
Le 13 janvier 1898, l'écrivain Émile Zola publie, dans le journal *L'Aurore,* une lettre retentissante intitulée « J'accuse », adressée au président de la République. Dans cette lettre, il accuse l'armée d'avoir orchestré une vaste machination contre Dreyfus uniquement parce que celui-ci est juif. Aussitôt, « l'Affaire » provoque un débat acharné en France entre les dreyfusards, partisans de l'innocence de Dreyfus, et leurs adversaires, les antidreyfusards.

Un nouveau procès est organisé à Rennes en 1899, au cours duquel Dreyfus est une nouvelle fois reconnu *« coupable d'intelligence avec l'ennemi »*. Cependant, il bénéficie de *« circonstances atténuantes »* et est condamné à dix ans de prison. Le président de la République intervient alors pour le gracier. Ce n'est qu'en 1906 que le capitaine Dreyfus sera réhabilité.

UNE PÉRIODE CLÉ

L'affaire Dreyfus a révélé l'importance de l'antisémitisme dans la société française à la fin du XIXe siècle et au XXe. Mais elle a aussi montré le courage de nombreux intellectuels qui ont su dénoncer une très grave erreur judiciaire.

1894 – Dreyfus est condamné à la déportation perpétuelle.

1895 – Dreyfus est déporté en Guyane.

1898 – « J'accuse » d'Émile Zola.

1899 – Nouveau procès de Dreyfus. Grâce du président de la République.

1905

190 – Réhabilitation de Dreyfus.

1895

L'invention du Cinématographe

LE CONTEXTE : De la photographie au cinéma

En 1826, Nicéphore Niepce réalise la toute première photographie de l'Histoire. Au cours des années suivantes, des inventeurs vont utiliser cette nouvelle technique pour donner l'impression du mouvement. Un pas décisif est franchi en 1887 avec la fabrication de la première pellicule. Quatre ans plus tard, l'Américain Thomas Edison invente l'ancêtre du Cinématographe.

UNE DATE CLÉ

L'invention des frères Lumière connaît un succès fulgurant. Dès 1896, des salles de cinéma sont créées à Lyon, à Londres, à Bruxelles et à Berlin. Un nouvel art et une nouvelle industrie sont nés.

L'ÉVÉNEMENT : C'était la première séance !

Nés à Besançon, Auguste et Louis Lumière sont les fils d'un photographe installé à Lyon. Dans le laboratoire de leur père, ils mènent de nombreuses expériences. Louis fonde une usine d'appareils photographiques. C'est là que les deux frères perfectionnent le système d'Edison et parviennent notamment à améliorer le mouvement des griffes qui déplacent la pellicule. Ils réalisent aussi un véritable projecteur.

Le 13 février 1895, les frères Lumière font breveter leur invention. Le 22 mars, ils projettent devant les membres de la Société d'encouragement de l'industrie nationale, au 44, rue de Rennes, à Paris, un film, de quelques minutes : *La Sortie des usines Lumière*.

Le 28 décembre, ils organisent la toute première séance publique de cinéma de l'Histoire, qui se déroule au *Grand Café* à Paris. Parmi les films projetés figurent *L'Arrivée d'un train en gare de La Ciotat* (1895) et *L'Arroseur arrosé* (1895). La semaine suivante, des milliers de Parisiens se pressent devant les portes de cette première salle de cinéma.

Affiche du cinéma Lumière.
Lors de la toute première séance publique de cinéma, le 28 décembre 1895, les spectateurs assistent à la projection de *L'Arroseur arrosé*. Ce film de 49 secondes présente les mésaventures d'un jardinier, victime des farces d'un mauvais plaisantin. Au milieu d'un public fasciné par le spectacle, un homme vient de trouver sa vocation, c'est Georges Méliès, le futur génie du 7e art…

1826 – Niepce réalise la première photographie.

1850

1891 – Edison invente l'ancêtre du Cinématographe.

1895 – 13 février : Les frères Lumière invente le Cinématographe.
28 décembre : Première séance de cinéma.

1905

La séparation des Églises et de l'État

Les inventaires des biens du clergé se déroulent dans des conditions souvent très mouvementées. Dans certaines communes, les paroissiens barrent l'entrée de leur église aux agents chargés de l'inventaire.

LE CONTEXTE : La marche vers la laïcité

Depuis le Concordat de 1801, l'État français garantit la liberté religieuse et veille au bon déroulement des cultes ; il nomme et rémunère les évêques. Mais à la fin du XIXe siècle, de nombreux républicains prônent le principe de laïcité, qui vise à séparer les Églises de l'État.

Par les lois de 1881 et 1882, Jules Ferry a déjà instauré un enseignement primaire gratuit, laïque et obligatoire pour les enfants de 6 à 13 ans. Mais il existe aussi des écoles religieuses administrées par des associations catholiques, les congrégations.

L'ÉVÉNEMENT : La République laïque

Au début du XXe siècle, le gouvernement est dominé par les radicaux, des républicains très anticléricaux qui contestent ouvertement l'autorité de l'Église catholique dans la société. En 1904, ils adoptent une loi qui interdit aux congrégations de diriger des établissements scolaires.

Le 9 décembre 1905, le Parlement vote la loi de séparation des Églises et de l'État. Ce texte reconnaît la liberté religieuse et marque la fin du Concordat instauré par Bonaparte.

Désormais, les cultes ne seront plus subventionnés par l'État, mais par les associations religieuses. Les évêques et les prêtres ne seront donc plus payés par la République. En outre, dans les écoles publiques, les cours d'éducation religieuse seront dispensés en dehors des heures de classe. Les biens des Églises sont désormais la propriété de l'État français. Enfin, on procède à des inventaires, qui permettent de répertorier la valeur des biens des établissements religieux, et qui sont malheureusement souvent menés avec brutalité.

En vertu de la circulaire du 2 janvier 1906, les prêtres sont contraints d'ouvrir les tabernacles pour faire l'inventaire des vases sacrés. Cette mesure choque de nombreux catholiques.

UNE DATE CLÉ

Un siècle après son adoption, la loi de séparation des Églises et de l'État reste l'un des principaux piliers de la République française. Elle ne s'applique pourtant pas aux départements du Haut-Rhin, du Bas-Rhin et de la Moselle. En effet, après être redevenue française en 1918, « l'Alsace-Moselle » a obtenu le droit de rester sous le régime du Concordat. Les membres du clergé de ces départements sont donc des fonctionnaires.

1881 1882 – LOIS FERRY SUR L'ENSEIGNEMENT.

1890

1902 – Émile Combes devient président du Conseil.

1904 – Loi interdisant aux congrégations d'enseigner.

1905 – Loi de séparation des Églises et de l'État.

25 juillet 1909

La première traversée de la Manche en aéroplane

LE CONTEXTE : Les pionniers de l'air

Grâce à la motorisation, les progrès dans la conquête de l'air sont stupéfiants. En 1890, le Français Clément Ader construit un engin volant doté d'un moteur à vapeur. À son bord, il réalise un bond de 50 mètres. Treize ans plus tard, l'Américain Orville Wright effectue un vol de 37 mètres. L'aviation est née !

UNE DATE CLÉ

Le temps des pionniers est bientôt révolu. Après sa victoire, Louis Blériot participe à la naissance d'une véritable industrie aéronautique française.

L'ÉVÉNEMENT : Un vol mouvementé !

Après avoir travaillé dans l'automobile, le Français Louis Blériot (1872-1936) se lance dans la construction d'aéroplanes, les premiers avions. Il est alors largement dépassé par les frères Wright qui multiplient les records. En 1905, leur nouveau modèle parcourt 38,6 kilomètres !

Mais Blériot s'obstine… En 1908, il effectue, à bord du *Blériot VIII bis,* un aller-retour entre Toury et Artenay, soit 30 kilomètres !

Cependant Louis Blériot manque cruellement d'argent… Aussi décide-t-il de répondre au concours lancé par un journal anglais, le *Daily Mail* : une récompense de 1 000 livres sera offerte à celui qui parviendra à traverser la Manche en aéroplane.

Blériot construit le *Blériot XI,* un engin de bois et d'acier, de 8 mètres de long, pesant 220 kg, doté d'ailes en caoutchouc et actionné par un moteur et une hélice. L'inventeur doit affronter un concurrent sérieux : le Français Hubert Latham.

Photographie de l'aéroplane le *Blériot XI*, à bord duquel Louis Blériot effectue la première traversée de la Manche, le 25 juillet 1909. L'engin peut atteindre la vitesse de 110 km/h. Le roi Édouard VII d'Angleterre se déplacera pour féliciter l'aviateur. À son retour de Londres, le 28 juillet, 100 000 Parisiens viendront l'acclamer.

Les deux aviateurs s'installent près de Calais, au cap Gris-Nez. Le 19 juillet 1909, Latham tente la traversée de la Manche, mais échoue. Blériot décolle à son tour, le 25 juillet, à 4 h 41. Son avion survole bientôt le contre-torpilleur français *L'Escopette* sur lequel se trouve son épouse. À 5 h 13, il atterrit à North Fal Meadow, près de Douvres. Blériot a réussi : il est en Grande-Bretagne !

1783 — Premier voyage en montgolfière.

1800

1850

1890 — Clément Ader construit le premier aéroplane de l'histoire.

1903 — Les frères Wright réalisent le premier vol en aéroplane.

1909 — Première traversée de la Manche en avion.

3 août 1914

L'Allemagne déclare la guerre à la France

POURQUOI ? La Première Guerre mondiale

En 1914, les rivalités politiques et économiques des pays européens débouchent sur une guerre longue et meurtrière.
Deux camps s'affrontent, l'un autour de l'Allemagne et de l'Autriche-Hongrie, l'autre autour de la France, l'Angleterre et la Russie. Ce conflit d'un genre nouveau oppose des peuples des cinq continents, qui se battent sur terre, sur mer et, pour la première fois, dans les airs. Des armes redoutables sont employées : gaz asphyxiants, mitrailleuses, chars d'assaut, sous-marins et avions.

UNE DATE CLÉ

Repoussés sur l'Aisne, les Allemands ont le temps de se protéger derrière des tranchées. Le front se stabilise sur une ligne continue qui s'étend de la mer du Nord à la Suisse. C'est le début d'une guerre de position acharnée : la guerre des tranchées.

LES ÉVÉNEMENTS : Les Allemands arrêtés net

Le 3 août 1914, l'Allemagne déclare la guerre à la France. Son plan d'attaque repose sur un vaste mouvement d'encerclement des armées françaises en passant par la Belgique qui est pourtant un pays neutre. Dans les deux camps, la plupart des soldats se résignent à la guerre, certains, plus enthousiastes, partent « la fleur au fusil ». Tous sont convaincus qu'ils reviendront chez eux avant Noël.
Très vite, les défenses françaises sont percées et les Allemands menacent Paris. Les soldats comprennent que la guerre sera longue et difficile. Le gouvernement décide de quitter la capitale pour se réfugier à Bordeaux.
Les Allemands ne sont plus qu'à 40 kilomètres de Paris, quand le maréchal Joffre ordonne, le 5 septembre, une contre-offensive parfaitement menée par les généraux Maunoury et Franchet d'Esperey. La bataille, gigantesque, oppose plus de deux millions de combattants. Les troupes françaises réussissent à enfoncer le flanc droit des armées allemandes, leur infligent de lourdes pertes et les forcent à reculer. La victoire de la Marne est incontestable.

L'infanterie française charge, baïonnette au canon, en août 1914.
Cette guerre de mouvement durera jusqu'en novembre 1914.

>> www.historial.org

28 juin — Assassinat de François Ferdinand d'Autriche à Sarajevo.

28 juillet — L'Autriche-Hongrie déclare la guerre à la Serbie.

3 août — L'Allemagne déclare la guerre à la France.

4 août — L'Angleterre déclare la guerre à l'Allemagne.

5 septembre — Début de la bataille de la Marne.

1914

21 février–18 décembre 1916

L'enfer de Verdun

Dans un paysage lunaire et dévasté, les « poilus », baïonnette au canon, s'apprêtent à s'élancer hors de leurs tranchées, à l'assaut des positions allemandes. Ils portent des masques pour se protéger des terribles gaz asphyxiants que les savants allemands viennent de mettre au point.

>> **www.verdun-douaumont.com**

UNE DATE CLÉ

Marquée par le courage des soldats et l'horreur des combats, la bataille de Verdun reste, pour les Français, le symbole même de la Grande Guerre. L'armée a montré encore une fois sa vaillance et son patriotisme, mais n'a pas pour autant gagné la guerre…

POURQUOI ?
La guerre d'usure

Obsédé par l'idée de percer les lignes ennemies, chaque camp lance plusieurs offensives meurtrières qui se soldent toutes par des échecs. Les combattants allemands et français s'enterrent dans des tranchées protégées par des fils barbelés. Ils se nourrissent, dorment, soignent leurs blessures dans le froid, l'humidité et la boue.

Les soldats français ont changé d'uniforme. À la place des trop visibles pantalons rouges et des képis de feutre, ils portent maintenant des pantalons bleus et des casques d'acier. Hirsutes et mal rasés, ils sont appelés les « poilus ».

L'ÉVÉNEMENT :
Un déluge de feu

En février 1916, les Allemands veulent percer le front à Verdun et finir la guerre. Pour amener les Français à puiser dans leurs dernières réserves, ils lancent une terrible offensive en mettant à profit leur supériorité numérique et technologique. Ils disposent en effet d'une importante artillerie et, pour la première fois, de lance-flammes.

Le 21 février, à 7 h 30, un déluge de feu s'abat sur les forts de Verdun. Les « poilus » résistent héroïquement au premier choc, malgré la perte du fort de Douaumont. Très vite, le commandant de la IIe armée, Philippe Pétain, galvanise les troupes et organise la riposte. Pendant plusieurs mois, attaques et contre-attaques se succèdent à un rythme effréné ; par exemple, le village de Fleury est pris puis repris seize fois !

Le 24 octobre enfin, l'armée française entame une contre-offensive générale. Elle regagne tout le terrain perdu, y compris le fort de Douaumont. La bataille s'achève le 18 décembre 1916 : dans chaque camp 250 000 soldats sont morts sans que la ligne de front ait bougé d'un pouce par rapport au 21 février !

21 février 1916 — Début de la bataille de Verdun.

24 octobre 1916 — Contre-offensive française.

8 décembre 1916 — Fin de la bataille de Verdun.

8-12 mars 1917 — Première révolution russe.

2 avril 1917 — Les Américains entrent en guerre aux côtés de la Triple-Entente.

11 novembre 1918

L'armistice, fin de la Première Guerre mondiale

POURQUOI ? La fin des combats !

En mars 1918, les Allemands se trouvent une nouvelle fois à 40 kilomètres de Paris et bombardent la capitale avec d'énormes canons. Heureusement, les Français et les Anglais bénéficient, depuis l'année précédente, de l'aide des Américains. En août, sous la direction de Foch, devenu général en chef des forces alliées, ils lancent une contre-attaque victorieuse qui enfonce les lignes allemandes. À bout de souffle, l'Allemagne demande l'armistice.

UNE DATE CLÉ

Le bilan humain est effroyable : près de 12 millions de morts dans le monde et des millions de blessés. L'Europe sort très affaiblie de ce premier conflit mondial avec près de 9 millions de morts, dont 1,4 million pour la France. Les vrais vainqueurs sont les pays neufs comme les États-Unis ou le Japon.

LES ÉVÉNEMENTS : De l'armistice à la paix

Le lundi 11 novembre 1918 à 5 h 15, l'armistice est signé dans le wagon spécial du général Foch, au carrefour de Rethondes, au milieu de la forêt de Compiègne. À 11 heures précises, les armes se taisent enfin et, dans toute la France, les cloches sonnent à la volée.

Le 28 juin 1919, l'Allemagne signe la paix avec la France, dans la galerie des Glaces du château de Versailles. Ce traité, qui bouleverse les frontières de l'Europe, prévoit notamment que l'Alsace-Lorraine sera rendue à la France.

Mais Georges Clemenceau, le chef du gouvernement français, va plus loin. Il oblige l'Allemagne à reconnaître sa responsabilité dans le déclenchement de la guerre, et à payer d'énormes « réparations » matérielles et financières pour les dégâts commis par son armée.

En Allemagne, c'est l'indignation ! L'opinion publique se sent humiliée et qualifie le traité de « *Diktat* ». Plus tard, Hitler aura beau jeu d'en contester les dispositions…

Dans la forêt de Compiègne au nord de Paris, Foch et les autres généraux alliés attendent les chefs allemands qui vont venir signer l'armistice.

>> www.grande-guerre.org

21 mars 1918 — Offensives allemandes sur la Marne.

26 mars 1918 — Foch, commandant en chef interallié.

11 novembre 1918 — Armistice signé à Rethondes.

28 juin 1919 — Signature du traité de Versailles. Création de la Société des Nations (SDN).

1931

L'Exposition coloniale à Paris

Le 6 mai 1931, le président de la République Gaston Doumergue et le maréchal Lyautey inaugurent l'Exposition coloniale de Paris. Ils passent en automobile devant la reconstitution du temple cambodgien d'Angkor Vat.

UNE DATE CLÉ

Avec cette exposition, les dirigeants français veulent donner l'impression que la France n'a jamais été aussi puissante. Pourtant l'empire commence à se fissurer; par exemple, un an plus tôt, les Indochinois se sont révoltés contre la domination française.

POURQUOI ?
Les empires coloniaux

En 1931, l'empire colonial français couvre 12 millions de km^2 et compte plus de 70 millions d'habitants; il est le deuxième du monde. La France est présente en Afrique, en Asie et même en Amérique.

C'est pour célébrer cet immense empire qu'est organisée durant six mois une grande Exposition coloniale à Paris.

L'ÉVÉNEMENT :
La « plus grande France »

Le 6 mai 1931, le président de la République Gaston Doumergue et le maréchal Lyautey inaugurent l'Exposition coloniale, installée dans le bois de Vincennes. Une foule immense se presse devant les quatorze entrées de ce gigantesque spectacle en plein air qui s'étend sur presque 100 hectares !

Les visiteurs circulent entre les pavillons dédiés aux différents peuples de l'Empire, découvrent les pagodes laotiennes, les huttes de bois et de terre africaines, les pilotis tahitiens, et admirent le temple d'Angkor Vat (Cambodge), reconstitué notamment à l'aide de plâtre et de bois !

Les animations sont nombreuses. Le spectateur a le loisir d'observer les artisans cambodgiens, les chasseurs de Nouvelle-Calédonie, ou d'écouter les musiciens de Madagascar. Il peut même faire une promenade à dos de chameau !

Le Guide de l'Exposition vante les richesses de la « plus grande France », mais se garde bien d'évoquer les drames de la colonisation. La construction d'une ligne de chemin de fer au Congo n'a-t-elle pas coûté la vie à 20 000 Africains, depuis 1921 ?

1907 — Fin de la conquête de l'Indochine.

1912 — Le Maroc devient un protectorat français.

1920

1930 — Révoltes anticoloniales en Indochine.

1931 — Exposition coloniale à Paris.

1934

Les ligues manifestent à Paris

Le 6 février 1934, les ligues d'extrême droite manifestent sur la place de la Concorde. Le cortège s'approche du pont de la Concorde et de l'Assemblée nationale située sur l'autre rive de la Seine. Certains manifestants jettent des pavés contre les forces de l'ordre. La police réplique en ouvrant le feu.

UNE DATE CLÉ

Le bilan de la manifestation est dramatique : 15 morts et plus de 2 000 blessés ! Les militants d'extrême droite condamnent la brutalité des forces de l'ordre. À gauche, on se félicite d'avoir évité un « coup d'État fasciste ». Cet événement entraîne un durcissement des relations entre les forces politiques.

LE CONTEXTE : La France en crise

Dès 1931, la France est frappée de plein fouet par la crise économique. Les gouvernements se succèdent sans parvenir à l'enrayer. Le chômage touche environ 345 000 personnes alors qu'il était inexistant trois ans plus tôt. Le mécontentement gagne de larges couches de la société française. L'année 1933 a été marquée par de nombreuses manifestations ouvrières dans le Nord et à Paris.

L'ÉVÉNEMENT : Les ligues contre le pouvoir

À l'extrême droite, les ligues s'opposent ouvertement au gouvernement. Ces groupes souvent violents critiquent les hommes politiques et en particulier le Parlement jugé faible et corrompu. Parmi les militants, certains sont monarchistes, d'autres s'inspirent de l'Italie fasciste, État totalitaire dirigé par Mussolini. Mais la plupart veulent une république forte, voire autoritaire.

À l'extrême gauche, les communistes, sous l'influence de l'URSS, accusent le régime de favoriser les inégalités sociales.

Les anciens combattants de la Première Guerre mondiale, nombreux dans chacun des deux camps, considèrent qu'ils ne sont ni écoutés ni traités à la hauteur de leurs mérites.

Le 6 février 1934, les ligues d'extrême droite et les mouvements d'extrême gauche manifestent à Paris. Le président du Conseil, Édouard Daladier, présente son gouvernement à la Chambre des députés. Le risque d'un coup d'État se fait pressant. Les différents cortèges se dirigent vers la place de la Concorde. Les ligues s'approchent dangereusement de la Chambre des députés. À 19 heures, la police ouvre le feu et tue plusieurs manifestants. Les combats dureront jusqu'à minuit.

1931 — Début de la crise économique en France.

1932 — Assassinat du président Paul Doumer.

1934 — *Janvier* : « Affaire Stavisky ».
6 février : Manifestations violentes à Paris.
12 février : Manifestations des partis de gauche à Paris.

Juin 1936 – juin 1937

Le gouvernement du Front populaire

LE CONTEXTE : L'union de la gauche

Pour répondre à la crise économique et lutter contre le fascisme, les partis de gauche décident de s'unir. Entre 1934 et 1935, les communistes, les socialistes et les radicaux forment le Front populaire. Ils prônent la réduction de la semaine de travail, une politique de grands travaux, l'interdiction des ligues et le désarmement international.

UNE PÉRIODE CLÉ

Les mesures politiques et sociales du Front populaire ont nettement amélioré les conditions de vie et de travail des classes populaires. Elles ont permis aux familles les plus modestes d'avoir accès à la culture et aux loisirs.

L'ÉVÉNEMENT : « Le pain, la paix, la liberté »

En avril-mai 1936, le Front populaire parvient à gagner les élections. Cette victoire suscite une vague d'espoir dans les classes populaires. Pour faire aboutir leurs espérances, les ouvriers organisent une série de grèves et de manifestations.

Le gouvernement du Front populaire, dirigé par le socialiste Léon Blum, tente de répondre à leurs attentes par des mesures politiques. Il signe les accords Matignon qui prévoient des hausses de salaires, la reconnaissance du droit syndical et un système de conventions collectives entre les patrons et les syndicats.

Le Front populaire instaure aussi deux semaines de congés payés annuels pour les salariés ainsi que la limitation à 40 heures de la semaine de travail. Enfin, il place sous le contrôle de l'État la Banque de France, les entreprises d'armement et les chemins de fer, en créant la SNCF.

Pourtant le gouvernement ne parvient ni à enrayer la hausse des prix ni à empêcher la fuite des capitaux. Paralysé par l'opposition du patronat, il finira par se disloquer en avril 1938.

En juin 1936, la Chambre des députés vote une série de lois qui instaurent notamment deux semaines de congés payés. Les classes populaires peuvent désormais profiter des joies des bains de mer sur les plages de Bretagne ou de Normandie. C'est le début d'un véritable tourisme de masse.

1936

Mai : Victoire électorale du Front populaire.
Mai-Juin : Vague de grèves.
7-8 juin : Accords Matignon.
17 juillet : Début de la guerre civile en Espagne.

1937

Juin : Démission du premier cabinet Blum.

1938

8 avril : Dislocation du Front populaire.

3 septembre 1939

La France déclare la guerre à l'Allemagne

Le 13 mai 1940, 10 divisions blindées allemandes soutenues par des escadrilles de chasseurs bombardiers pulvérisent sur la Meuse les faibles défenses françaises. Le JU 87 (ou stuka), un avion d'attaque en piqué, fond sur ses cibles en faisant résonner une sirène dont le son terrifiant restera longtemps dans les oreilles des Français.

> > **www.secondeguerre.net**

UNE PÉRIODE CLÉ

Le 16 juin 1940, le chef du gouvernement Paul Reynaud démissionne. Il est remplacé par Philippe Pétain. Envahie aux trois quarts, la France signe l'armistice, le 22 juin, aux conditions de Hitler. Elle n'existe plus comme grande puissance et laisse l'Angleterre seule face à l'Allemagne.

POURQUOI ?
La Seconde Guerre mondiale

Depuis 1933, Hitler dirige l'Allemagne d'une main de fer. Il veut que son pays soit le plus puissant du monde. Il est persuadé que les Allemands forment une race supérieure et qu'ils doivent en conséquence commander aux autres peuples, jugés inférieurs. Avec de telles idées, Hitler, allié à l'Italie et au Japon, plonge le monde dans la guerre. Le 1er septembre 1939, il attaque la Pologne. Deux jours plus tard, la France et l'Angleterre lui déclarent la guerre.

LES ÉVÉNEMENTS :
La « guerre éclair »

D'octobre 1939 jusqu'au printemps 1940, les armées allemande et française s'observent derrière leurs lignes fortifiées. C'est la « drôle de guerre ».

L'armée française est réputée la meilleure au monde, mais en réalité elle est mal commandée, peu moderne, en est restée aux méthodes de combat de 1918 et ses chefs ont refusé toutes les nouveautés suggérées notamment par le colonel de Gaulle. En revanche, les Allemands ont su créer d'impressionnantes divisions blindées équipées de chars d'assaut communiquant par radio et assistés dans les airs par des chasseurs bombardiers.

Le 10 mai 1940, Hitler donne l'ordre d'attaquer : c'est la « guerre éclair », la *blitzkrieg* ! À Sedan, les défenses françaises sont anéanties. Les Allemands foncent vers la mer et coupent les armées franco-britanniques en deux. Plus de 300 000 hommes sont pris au piège autour de Dunkerque. L'armée française mène une résistance acharnée – 100 000 Français seront tués en un mois –, mais elle ne peut rien faire contre la supériorité allemande.

Le 14 juin, les Allemands pénètrent dans Paris : la France est vaincue ! Deux millions de soldats sont faits prisonniers. L'invasion du territoire provoque la fuite de 8 millions de personnes vers le Sud encore inoccupé : c'est l'exode.

1939

1er *septembre* : L'Allemagne attaque la Pologne : début de la guerre.
3 *septembre* : L'Angleterre et la France déclarent la guerre à Allemagne.

1940

10 *mai* : Hitler envahit la Belgique et les Pays-Bas.
14 *mai* : Percée allemande à Sedan.

18 juin 1940

L'appel du général de Gaulle

POURQUOI ? De Gaulle l'irréductible

Le général de Gaulle, simple sous-secrétaire d'État à la Guerre dans le dernier gouvernement de la IIIe République, n'accepte pas la défaite. Le 17 juin 1940, il choisit l'exil à Londres pour continuer le combat. En France, les pleins pouvoirs sont accordés au maréchal Pétain qui devient à 84 ans le chef de l'État français, installé à Vichy.

LES ÉVÉNEMENTS : Pétain collabore avec l'Allemagne

Le 18 juin 1940, le général de Gaulle lance aux micros de la BBC un appel à la poursuite des combats devenu historique : « *La France a perdu la bataille ! Mais la France n'a pas perdu la guerre !* » Une version presque intégrale du texte est publiée dans la presse encore libre du sud de la France. Le général est bientôt rejoint par 7 000 hommes avec lesquels il forme, en juillet, les Forces françaises libres (FFL).
Seul et sans ressources, le général devient le symbole de la France combattante et organise la Résistance française aux côtés des Alliés. Mais aux yeux du gouvernement de Vichy, il fait figure de rebelle et il sera bientôt condamné à mort par défaut.
Philippe Pétain, le vainqueur de Verdun devenu chef de l'État, est certainement l'homme le plus respecté de France. Il renverse la IIIe République et instaure un nouveau régime : « l'État français ». Il organise une politique de collaboration avec l'Allemagne, marquée par des exécutions d'otages, des rafles, la déportation de Juifs et de résistants vers les camps de concentration allemands. La devise de Vichy est « Travail, Famille, Patrie ».
Le pays est désormais coupé en deux : au sud, une zone libre où le régime de Vichy intervient directement ; au nord, une zone occupée où les Allemands règnent en maîtres. Pendant ce temps, un proche de de Gaulle, Jean Moulin, est chargé d'unifier les différents mouvements de Résistance. Il réussit sa mission en mai 1943 en formant le Conseil national de la Résistance.

UNE DATE CLÉ

Même si bien peu de Français ont entendu l'appel du général de Gaulle, son importance est considérable. Avec de Gaulle, la France libre refuse la honte de la défaite militaire, le régime traître de Vichy, et parie sur la victoire finale des Alliés.

Devant un micro de la BBC, le général de Gaulle entre dans la légende. Il prononce l'appel du 18 juin qui est l'acte fondateur de la France libre. Pourtant, bien peu de Français entendent vraiment l'appel à la radio de ce général presque inconnu à l'époque.

>> www.secondeguerre.net

Juin

14 juin : Les troupes allemandes entrent dans Paris.
16 juin : Démission du président Paul Reynaud, remplacé par Philippe Pétain.
18 juin : Appel du général de Gaulle.
22 juin : La France signe l'armistice.

Juillet

10 juillet : Pétain obtient les pleins pouvoirs.

16-17 juillet 1942

La rafle du Vél'd'Hiv

LE CONTEXTE : Une collaboration active

Le régime de Vichy participe activement à la politique antisémite d'Adolf Hitler. Le maréchal Pétain prend de nombreuses mesures pour exclure les Juifs de la société. En octobre 1940, il autorise l'internement des Juifs étrangers et interdit aux Juifs français d'exercer de nombreux métiers.

UNE PÉRIODE CLÉ

Entre 1942 et 1944, 75 721 personnes juives de France ont été envoyées dans les camps de la mort. Seules 2 500 en reviendront à la fin de la guerre, en 1945.

LES ÉVÉNEMENTS : Vichy au service des nazis

Le maréchal Pétain obéit fidèlement aux ordres des nazis. Il crée ainsi un Commissariat général aux questions juives et un Institut des questions juives chargé de la propagande antisémite en France.

Bientôt la politique d'exclusion se transforme en persécution acharnée. En effet, le 20 janvier 1942, lors de la conférence de Wannsee, les dirigeants nazis décident l'extermination systématique des Juifs d'Europe. La Gestapo, la police politique nazie, est chargée d'organiser leur déportation vers les camps.

Le régime de Vichy ne se contente pas d'appliquer les décisions nazies, il aide la Gestapo à traquer les Juifs. En mai, il oblige ces derniers à porter une étoile jaune cousue sur leurs vêtements.

Les 16 et 17 juillet 1942, sur ordre de René Bousquet, secrétaire général de la police, les policiers français arrêtent 12 884 Juifs de Paris et de la région parisienne, dont 4 051 enfants. La plupart d'entre eux sont entassés dans le vélodrome d'Hiver, une salle de sport dans laquelle ils restent plusieurs jours sans eau, ni vivres. Puis ils sont emmenés dans les camps de Drancy et de Pithiviers avant d'être expédiés par wagons à bestiaux vers le camp d'extermination d'Auschwitz.

Le 29 mai 1942, les Juifs de plus de 6 ans sont contraints de porter une étoile jaune cousue sur leurs vêtements avec l'inscription « Juif ».
À partir du 8 juillet 1942, il leur est interdit d'entrer dans les lieux publics.

1940

3 octobre : Premier statut des Juifs.
24 octobre : Entrevue de Montoire entre Pétain et Hitler.

1941

2 juin : Deuxième statut des Juifs.

1942

20 janvier : Conférence de Wannsee.
16-17 juillet : Rafle du Vél'd'Hiv.

6 juin 1944

Le débarquement allié en Normandie

Le 6 juin, entre 6 h 30 et 7 h 45, commence le débarquement des hommes et du matériel sur les plages de Normandie. Sur la plage d'Omaha, les *rangers* américains se heurtent à un déluge de feu qui les cloue sur place.

> > **www.debarquement-normandie.com**

UNE DATE CLÉ

Malgré la rapide progression des armées alliées, Hitler refuse de reconnaître le caractère inéluctable de la défaite. Il faudra encore huit mois de combats acharnés avant que l'Allemagne ne capitule.

POURQUOI ?
« Opération Overlord »

En 1941, Russes et Américains entrent à leur tour dans la guerre. À la fin de 1942, les Allemands subissent leurs premières défaites et la situation militaire se renverse. Grâce à la puissance industrielle des États-Unis, les Alliés organisent la plus grande opération amphibie et aéroportée de l'Histoire.

LES ÉVÉNEMENTS :
La libération de la France

À l'aube du 6 juin 1944, l'effet de surprise est total. Soutenus par 1 200 navires de guerre et 10 000 avions, 287 000 hommes sont débarqués sur les plages de Normandie.

Les premières lignes de défenses allemandes sont enfoncées. Les 23 000 hommes parachutés sur les arrières ennemis désorganisent leurs voies de communication. Bientôt, des milliers de chars, Jeep, canons, et plus d'un million de soldats débarquent à leur tour.

Après les durs combats de la bataille de Normandie, la libération de la France commence. La Résistance intérieure multiplie les sabotages et attaque les convois allemands.

À l'approche des armés alliées, Paris se soulève le 19 août 1944 à l'initiative des Forces françaises de l'intérieur. Le général de Gaulle obtient des Alliés que le général Leclerc, à la tête de la 2e division blindée, fonce vers la capitale.

Le 25 août, Paris est libéré. Le soir même, de Gaulle s'installe au ministère de la Guerre comme chef du Gouvernement provisoire de la République française. Le lendemain, en qualité de chef de la France libre, il descend les Champs-Élysées au milieu d'une foule en liesse !

Quelques jours plus tôt, le 15 août, un second débarquement s'est déroulé en Provence.

Fin septembre 1944, la plus grande partie de la France est libérée, hormis l'Alsace-Lorraine.

1942

2 novembre : Offensive anglaise victorieuse à El-Alamein.
8 novembre : Débarquement allié en Afrique du Nord.
11 novembre : Les Allemands envahissent la zone Sud.

1943

31 janvier : Reddition allemande à Stalingrad.
Mai : Première réunion à Paris du Conseil national de la Résistance.

1944

6 juin : Les Alliés débarquent en Normandie.
15 août : Débarquement en Provence.

29 avril 1945

Les Françaises votent pour la première fois

LE CONTEXTE : La France en retard

Jusqu'en avril 1944, les Françaises sont tenues à l'écart de la vie politique. Elles sont jugées trop peu instruites, trop conservatrices ou trop proches de l'Église. Proclamé en 1848, le suffrage universel ne concerne en effet que les hommes.

Pourtant, le droit de vote des femmes est déjà reconnu dans de nombreux pays, comme en Nouvelle-Zélande (dès 1893), en Allemagne (1918), en Grande-Bretagne (1919) et aux États-Unis (1920).

UNE DATE CLÉ

Les femmes disposent enfin des mêmes droits politiques que les hommes. Mais elles sont bien peu nombreuses à exercer de hautes fonctions publiques.

LES ÉVENEMENTS : L'égalité politique

Après la Première Guerre mondiale, les mentalités ont commencé à évoluer en France. Les femmes ont en effet participé activement à l'effort de guerre, sur le front comme infirmières, ou à l'arrière dans les usines d'armement. Elles ont remplacé pendant plusieurs années leurs maris, partis au combat.

Durant l'entre-deux-guerres, trois femmes sont nommées sous-secrétaires d'État dans le gouvernement de Blum en 1936. Sous l'Occupation allemande, elles sont nombreuses à prendre part aux côtés des hommes à la Résistance contre l'occupant nazi. Plusieurs servent comme ambulancières dans l'armée de la Libération.

Le général de Gaulle, devenu chef du Gouvernement provisoire de la République, est bien décidé à combler ce retard. Le 21 avril 1944, il signe l'ordonnance qui reconnaît le droit de vote aux Françaises majeures.

Un an plus tard, lors des élections municipales, les Françaises votent pour la première fois. Le 29 avril 1945, journalistes et photographes se pressent autour des salles de vote pour immortaliser ce moment historique. Le 21 octobre de la même année, elles participent à une élection nationale ; 33 femmes sont élues députés, soit un peu plus de 5 % des membres de l'Assemblée nationale.

Presque un an après l'ordonnance qui leur a accordé le droit de vote, les Françaises sont invitées, pour la première fois, le 29 avril 1945, à participer à une élection. La Constitution de la IVe République adoptée en 1946 pose le principe de l'égalité entre hommes et femmes dans tous les domaines.

1944

21 avril : Droit de vote accordé aux Françaises.

1945

29 avril : Les Françaises votent pour la première fois.

21 octobre : Les Françaises participent pour la première fois à une élection nationale.

1946

27 octobre : La Constitution garantit à la femme dans tous les domaines des droits égaux à ceux des hommes.

8 mai 1945

Fin de la Seconde Guerre mondiale en Europe

Le 23 novembre 1944, la 2e division blindée du général Leclerc libère la ville de Strasbourg. Le général respecte ainsi la promesse qu'il avait faite à Koufra (Libye), en février 1941, de ne pas déposer les armes tant qu'il n'aurait pas libéré Metz et Strasbourg.

>> hsgm.free.fr

POURQUOI ? Capitulation sans condition de l'Allemagne

Le 30 avril 1945, Hitler se suicide dans son bunker alors que Berlin est en grande partie occupée par les Russes. Les Allemands demandent la fin des combats. Ils signent l'acte de capitulation d'abord à Reims, au quartier général des forces alliées le 7 mai, puis une seconde fois dans la capitale allemande le 8 mai 1945. Le général de Lattre de Tassigny signe pour la France, mais la guerre continue en Asie.

LES ÉVÉNEMENTS : Un bilan matériel et moral effrayant

Le général de Gaulle annonce à la radio la cessation officielle des hostilités. La Seconde Guerre mondiale est terminée en Europe où elle a fait 35 millions de morts. Pour l'ensemble du monde, le chiffre des morts s'élève à près de 60 millions. Plus de 12 millions de personnes (dont 6 millions de Juifs) ont été exterminées dans les camps de la mort. La France compte 600 000 morts.
Après l'explosion de joie provoquée par la Libération, l'heure est aux règlements de comptes. Les collaborateurs du régime de Vichy sont arrêtés, parfois sommairement abattus ou lynchés par des foules en furie. On estime que 15 000 personnes au minimum ont été exécutées arbitrairement. Les femmes qui ont eu des liaisons avec des soldats allemands sont tondues.
Le pays est en ruine. Certaines villes, comme Rouen, Caen, Le Havre, Brest, Dunkerque, Saint-Nazaire, sont détruites à plus de 80 %. Bon nombre d'infrastructures sont à reconstruire.
Le général de Gaulle entreprend immédiatement de restaurer l'autorité de l'État et commence une gigantesque œuvre de reconstruction.

UNE DATE CLÉ

**Grâce à de Gaulle, la France parvient à se faire admettre dans le camp des vainqueurs.
En juin 1945, elle est l'un des pays signataires de la Charte de l'Organisation des Nations unies (ONU), chargée de maintenir la paix dans le monde, et obtient l'un des cinq sièges des États membres permanents du Conseil de sécurité de l'ONU.**

4-11 février – Conférence de Yalta.

30 avril – Suicide de Hitler.

8 mai – L'Allemagne capitule sans condition.

Juin – Signature de la Charte de l'Organisation des Nations unies (ONU).

6 et 9 août – Destruction d'Hiroshima et de Nagasaki.

1945

7 mai 1954

Défaite de Diên Biên Phu

Après la défaite de Diên Biên Phu, près de 11 000 prisonniers français sont emmenés dans des camps où ils subissent les travaux forcés, la « rééducation » politique, et souffrent de la faim, de la soif, du paludisme et de la dysenterie.

> > www.dienbienphu.org

UNE DATE CLÉ

Après les accords de Genève signés en juillet 1954, la France quitte l'Indochine et accepte l'indépendance du Vietnam, du Laos et du Cambodge.

POURQUOI ?
La fin de l'empire français

À la suite de l'humiliation de 1940, la France perd son prestige dans ses colonies et il lui faut faire face à des soulèvements populaires réclamant l'indépendance. En Indochine, où la France est solidement implantée depuis 1883, le mouvement du Viêt-minh dirigé par les communistes proclame l'indépendance du Vietnam en 1945. La France s'engage alors dans un conflit difficile contre les Viêt-minh qui pratiquent la guérilla et reçoivent l'aide militaire et financière de l'URSS et de la Chine.

L'ÉVÉNEMENT :
Un « glorieux désastre »

Commandant les forces françaises en Indochine, le général Navarre veut installer près de la frontière laotienne une base aéroterrestre afin de piéger l'armée Viêt-minh. Dès la fin novembre 1953, il masse 15 000 hommes dans la plaine de Diên Biên Phu. Mais cette cuvette est entourée de collines sur lesquelles les Vietnamiens réussissent par un tour de force à hisser l'artillerie lourde.

Durant près de deux mois de combats acharnés, les parachutistes français vont résister aux assauts de 100 000 combattants Viêt-minh.

La pluie incessante et la boue rendent les conditions de vie épouvantables. Les points d'appui qui protègent le camp français tombent les uns après les autres.

Durant les deux derniers jours de combats, 400 volontaires français acceptent d'être parachutés en renfort. Le 7 mai 1954, le camp tombe aux mains des Viêt-minh. Les pertes françaises s'élèvent à 3 500 morts ou disparus, et on relève 5 240 blessés. Leur adversaire a eu 8 000 tués et de 15 000 à 20 000 blessés. Plus de 11 000 soldats français sont faits prisonniers ; ils vont subir un long calvaire dont seuls 3 290 reviendront…

1945

Début de la guerre d'Indochine.

1950

1954

13 mars : Début de la bataille de Diên Biên Phu.
7 mai : Chute du Diên Biên Phu.
21 juillet : Accords de Genève : fin de la guerre d'Indochine.

1er novembre 1954

Le début de la guerre d'Algérie

LE CONTEXTE : Une colonie divisée

Depuis 1848, l'Algérie est un territoire français formé de trois départements. Les colons européens, les pieds-noirs, ne représentent que 10 % de la population algérienne composée en majorité de musulmans. L'Algérie est marquée par de profondes inégalités. Quelques milliers de pieds-noirs possèdent 12 % des terres cultivables. La plupart des musulmans algériens n'ont pas accès à la citoyenneté française et sont de plus en plus nombreux à souhaiter l'indépendance de l'Algérie.

UNE DATE CLÉ

Les attentats de la Toussaint 1954 plongent l'Algérie dans une guerre qui durera plus de sept ans. C'est la naissance du principal acteur de l'indépendance algérienne, le Front de libération nationale (FLN).

L'ÉVÉNEMENT : La « Toussaint rouge »

Le 8 mai 1945, 8000 Algériens célèbrent à Sétif la fin de la Seconde Guerre mondiale. Des nationalistes brandissent des drapeaux algériens et des pancartes réclamant l'indépendance. Lorsque la police leur ordonne de les baisser, ils refusent d'obtempérer. Soudain, un coup de feu éclate. La situation tourne au drame ! La révolte gagne bientôt toute la région de Constantine, provoquant la mort de 130 Européens. En réaction, l'armée française multiplie les exécutions sommaires et fait bombarder des villages entiers. Près de 15000 personnes sont tuées lors de ces opérations !

Le calme revient, mais pour peu de temps. En 1947, une loi prévoit la création d'une assemblée algérienne composée de députés européens et musulmans. Mais les règles électorales, très inégalitaires, favorisent largement la minorité européenne.

La situation se durcit en 1954. La défaite des Français en Indochine encourage les indépendantistes algériens dans leur lutte. Le 1er novembre, jour de la Toussaint, des attentats sont perpétrés contre des gendarmeries, des coopératives ou des entrepôts de pétrole, causant la mort de huit personnes.

Les autorités françaises réagissent avec la plus grande des fermetés aux attentats du 1er novembre 1954. Environ 200 suspects sont arrêtés comme en témoigne cette photographie évoquant l'intervention des militaires dans les Aurès en 1955.

1945 — *8 mai* : Révoltes de Sétif.

1947 — Loi instituant une assemblée algérienne.

1954 — *Octobre* : Naissance du Front de libération nationale (FLN).
1er novembre 1954 : La « Toussaint rouge ».

1950

25 mars 1957

Le traité de Rome

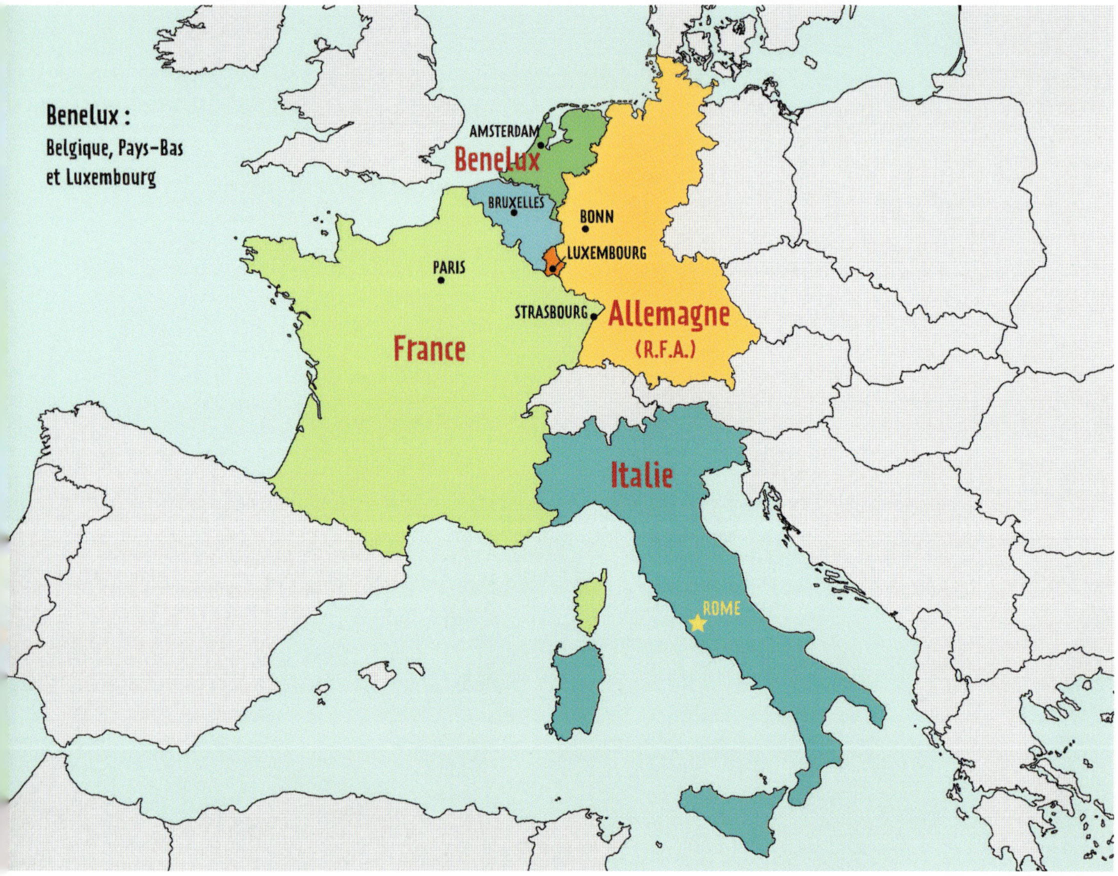

Le 25 mars 1957, les représentants de la France, de la RFA, des Pays-Bas, de l'Italie, de la Belgique et du Luxembourg signent le traité de Rome instaurant une Communauté économique européenne (CEE).

> > europa.eu.int/abc/obj/treaties/fr/frtoc05.htm

UN TRAITÉ CLÉ

Le traité de Rome donne un nouveau souffle à la construction européenne. Peu à peu, l'Europe va affirmer son indépendance politique et économique face à l'URSS et aux États-Unis.

POURQUOI ?
Une Europe assoiffée de paix

Au XVIIIe siècle, l'abbé français Charles de Saint-Pierre et le philosophe allemand Emmanuel Kant avaient imaginé chacun de leur côté la réunion de plusieurs États européens pour instaurer une paix durable. Après le choc des deux guerres mondiales, ce vaste projet commence à voir le jour.

L'ÉVÉNEMENT :
La construction européenne

Depuis 1947, l'Europe est coupée en deux. À l'est, les États communistes sont complètement dominés par l'URSS. À l'ouest, les démocraties libérales se lancent dans la construction européenne afin de préserver la paix, résister à l'URSS et développer leur puissance économique.
Parmi les artisans de cette politique figurent deux Français, Robert Schuman et Jean Monnet. Ils participent à la création en 1951 de la Communauté européenne du charbon et de l'acier (CECA) regroupant six pays : la France, la Belgique, le Luxembourg, les Pays-Bas, la République fédérale d'Allemagne (RFA) et l'Italie. Désormais, ces pays vont mettre en commun leur production de charbon et d'acier.
En 1952, Jean Monnet propose la création d'une Communauté européenne de défense (CED), mais ce projet, qui prévoit le réarmement de la RFA au sein d'une armée européenne, se heurte à l'hostilité de nombreux citoyens européens attachés au principe de souveraineté nationale.
Un nouveau pas est franchi dans la construction européenne le 25 mars 1957, quand les dirigeants de la CECA signent à Rome le traité instituant la Communauté économique européenne (CEE). Ce texte instaure, entre les six États, un véritable marché commun sans barrières douanières, encourage la coopération économique et organise une politique commune dans le domaine de l'agriculture et des transports.

1949 — Création du Conseil de l'Europe.

1951 — Communauté européenne du charbon et de l'acier (CECA).

1954 — Rejet de la Communauté européenne de défense (CED).

1957 — Traité de Rome.

1958

De Gaulle fonde la Ve République

POURQUOI ? Le retour du « sauveur »

Le 20 janvier 1946, après un conflit avec l'Assemblée au sujet de la nouvelle Constitution, le général de Gaulle quitte la direction du gouvernement. Il se retire de la vie politique et commence une longue traversée du désert. Pendant ce temps, la IVe République est confrontée au douloureux problème de la décolonisation.

Devant l'incapacité des gouvernements successifs à régler la crise algérienne, de Gaulle se présente comme le seul recours. Le 13 mai 1958, les généraux Massu et Salan, partisans de l'Algérie française, s'emparent du pouvoir à Alger et réclament le retour de de Gaulle à la tête du gouvernement.

UN PERSONNAGE CLÉ

De Gaulle s'efforce de redonner son prestige à la France à travers le monde, et d'en faire une puissance indépendante. Il dote le pays de l'arme nucléaire, se réconcilie avec l'Allemagne en 1963 et quitte l'OTAN (Organisation du traité de l'Atlantique Nord) en 1966. Il sera réélu, en 1965, président de la République, pour la première fois au suffrage universel.

LES ÉVÉNEMENTS : Une nouvelle Constitution

Redoutant une guerre civile, les dirigeants de la IVe République se rallient à leur tour au général et le président René Coty l'appelle à former un gouvernement qui est investi le 1er juin 1958.

Certains crient au coup d'État, mais pour beaucoup de Français le général apparaît comme le sauveur de la république. Après avoir obtenu les pleins pouvoirs, il fait adopter une nouvelle Constitution, approuvée le 28 septembre 1958 par référendum par 80 % des suffrages.

La Constitution de la Ve République assure au chef de l'État une autorité considérable et donne au gouvernement une réelle liberté face au Parlement. Le Premier ministre gouverne la France, mais le président dirige la politique étrangère et l'armée. Le 8 janvier 1959, de Gaulle devient le premier président de la Ve République.

Le 28 octobre 1962, les Français sont consultés sur l'élection du président de la République au suffrage universel, qu'ils acceptent par plus de 60 % des voix. Désormais, la France dispose d'une stabilité politique sans précédent.

Le général de Gaulle, président de la République, lors d'un voyage à Albi en février 1960. Pour les Français, la personnalité et le charisme du général de Gaulle en font un père pour la nation qu'il a défendue durant les heures les plus sombres de son histoire.

>> www.charles-de-gaulle.org

1946
20 janvier : De Gaulle quitte le gouvernement.

1950

1956
Le Maroc et la Tunisie deviennent indépendants.

1958
13 mai : Insurrection d'Alger.
1er juin : De Gaulle forme son gouvernement.
28 septembre : Référendum approuvant la Ve République.
4 octobre : Proclamation de la Ve République.

18 mars 1962

La fin de la guerre d'Algérie

Après les accords d'Évian, un million de Français d'Algérie prennent le chemin de l'exode, ne voyant d'autre choix qu'entre « la valise et le cercueil ». Le rapatriement est pour tous une déchirure ineffaçable. Mal accueillis en métropole, les pieds-noirs prouvèrent pourtant leur dynamisme et leur vitalité.

> > www.ina.fr/voir_revoir/algerie/index.fr.html

UNE DATE CLÉ

Le bilan humain de la guerre est effroyable : 32 000 morts du côté français, entre 250 000 et 300 000 du côté algérien. Désorganisée par le départ des Européens, l'Algérie indépendante parvient difficilement à sortir de la pauvreté et de la corruption.

POURQUOI ?
La fin de la présence française

Conscient de l'impossibilité d'intégrer les 9 millions de musulmans algériens dans la communauté nationale, le général de Gaulle entend régler au plus vite le conflit algérien. Dès le 16 septembre 1959, il se prononce pour le droit des Algériens à l'autodétermination et demande l'ouverture des négociations.

L'ÉVÉNEMENT :
Un départ dramatique

Alors que l'armée française est victorieuse sur le terrain militaire, les négociations diplomatiques sont longues et difficiles. Le général de Gaulle multiplie les pressions sur la délégation française pour augmenter les concessions et tout liquider rapidement.

Les discussions entre le gouvernement français et les membres du gouvernement provisoire de la République algérienne aboutissent à la signature d'accords et d'un cessez-le-feu le 18 mars 1962 à Évian. La France promet de maintenir son aide économique pendant trois ans. L'Algérie qui devient un État indépendant s'engage à protéger les Européens et à garantir à la France le droit d'exploiter le pétrole et de réaliser des essais nucléaires dans le désert saharien jusqu'en 1967.

Par le référendum du 8 avril 1962, les Français approuvent à 90,7 % les accords d'Évian. Les Algériens, quant à eux, proclament l'indépendance de leur pays, le 3 juillet 1962. Mais certains dirigeants algériens ne respectent pas une partie des accords qu'ils viennent de signer. Sur le terrain, la situation se détériore et les massacres de civils des deux camps se multiplient. Dans de telles conditions, près d'un million de Français d'Algérie, s'estimant trahis, fuient le pays en catastrophe, abandonnant leurs biens.

1959

8 janvier : De Gaulle, président de la République.

1960

1962

18 mars : Accords d'Évian.
3 juillet : Proclamation de l'indépendance de l'Algérie.
28 octobre : Référendum : élection du président au suffrage universel.

Mai 1968

La crise étudiante et sociale

POURQUOI ? Un monde en pleine transformation

En mai 1968, dans une France riche et prospère, l'insurrection des étudiants puis la grève générale réussissent à faire vaciller le régime gaulliste. Durant plus d'un mois, la jeunesse issue du baby-boom exprime ses frustrations et ses inquiétudes. Les étudiants manifestent contre l'état des universités, critiquent les valeurs de la bourgeoisie, protestent contre la « société de consommation » dans laquelle ils se sentent mal à l'aise. Les ouvriers et les salariés se mettent en grève à leur tour.

UNE DATE CLÉ

Si la crise de Mai 68 se solde par un échec sur le plan politique, elle entraîne aux niveaux social et culturel une profonde évolution des comportements et des mentalités. C'est le triomphe de la contestation, des cheveux longs, de la musique rock et des Beatles...

LES ÉVÉNEMENTS : Espoir et désillusion

À la suite de l'arrestation de six des leurs qui militaient contre la guerre au Vietnam, des étudiants organisent l'occupation des bâtiments administratifs de l'université de Nanterre, le 22 mars 1968.

L'agitation gagne le Quartier latin où les étudiants occupent l'université de la Sorbonne. Les jeunes prennent la parole et recouvrent les murs de graffitis : « *Sous les pavés la plage* ».

Le 3 mai, face aux policiers, ils construisent des barricades. Dans la nuit du 10 au 11 mai, la révolte est marquée par de violents affrontements avec les forces de l'ordre.

Bientôt, le mouvement de protestation touche les ouvriers et les salariés qui réclament tous de meilleures conditions de travail. Le 20 mai, la France entière se met en grève. La gauche appelle au départ du général de Gaulle.

Les accords de Grenelle signés le 27 mai entre le gouvernement, le patronat et les syndicats ne ramènent pas le calme. Le 30 mai, de Gaulle dissout l'Assemblée et provoque ainsi de nouvelles élections. Les Français apeurés par le désordre votent très majoritairement pour la droite gaulliste.

En 1969, de Gaulle propose un référendum sur la régionalisation et la réforme du Sénat. Le 27 avril, 52,4 % des Français refusent son projet. Le lendemain, de Gaulle démissionne et se retire à Colombey ; il y meurt le 9 novembre 1970.

Mai 68 à Paris. Les manifestants étudiants lancent des pavés sur les forces de police dans le Quartier latin, le 7 mai 1968. Malgré la violence des affrontements et de nombreux blessés, on ne dénombre aucun mort.

> > www.ina.fr/voir_revoir/mai-68/index.fr

1965

19 décembre : Réélection du général de Gaulle.

1968

3 mai : La police évacue la Sorbonne. Début des événements.
27 mai : Accords de Grenelle.

1969

27 avril : Référendum sur la régionalisation.
28 avril : Démission du général de Gaulle.

18 janvier 1975

La loi Veil autorise l'avortement

LE CONTEXTE : De nouvelles aspirations

Dans les années 1960-1970, l'État tente de s'adapter aux transformations de la société. En 1974, la majorité, et donc l'âge légal du vote, est abaissée à 18 ans. Les réformes concernent aussi la vie et la sexualité des femmes. En 1967, la contraception est autorisée. En 1974, une question va diviser l'opinion publique : l'avortement.

UNE DATE CLÉ

Les lois sur la contraception et l'avortement vont transformer la société française.
Les femmes acquièrent plus d'indépendance dans leur famille, leur vie professionnelle et aussi leurs loisirs.

L'ÉVÉNEMENT : La France divisée

En 1974, le président de la République, Valéry Giscard d'Estaing, voulant faire adopter une loi sur l'avortement, confie ce projet à Simone Veil, ministre de la Santé. Mais la question ne manque pas de heurter une partie de l'opinion publique.
De nombreux catholiques estiment en effet que l'embryon est déjà un être humain, et qu'avorter revient à commettre un assassinat. Au contraire, les associations féministes, comme le Mouvement de libération des femmes, militent pour l'autorisation de l'avortement. Elles rappellent que de nombreuses femmes ont recours à des avortements clandestins, se déroulant souvent dans des conditions dramatiques.
Le 26 novembre 1974, Simone Veil présente son projet de loi à l'Assemblée nationale. Pendant trois jours, les députés vont s'affronter avec acharnement autour de ce texte. Le 29 novembre, le projet recueille la majorité des suffrages grâce à l'appui de députés de l'opposition.
La loi Veil, promulguée le 18 janvier 1975, prévoit que les femmes en état de détresse pourront faire pratiquer une interruption volontaire de grossesse (IVG) dans les dix premières semaines de leur gestation.

Portrait de Simone Veil sortant du palais de l'Élysée, en 1975.

1965 : Loi accordant aux femmes le droit d'exercer une profession sans le consentement de leur mari.

1967 : Loi Neuwirth autorisant la contraception.

1970

1974 : *27 mai* : Élection de Valéry Giscard d'Estaing.
5 juillet : Majorité à 18 ans.

1975 : Loi Veil sur l'IVG.

10 mai 1981

L'élection de Mitterrand, un président de gauche

Le 21 mai 1981, onze jours après son élection à la présidence de la République, François Mitterrand organise une cérémonie populaire au Panthéon, à Paris. À la tête d'une foule de militants et de sympathisants, il remonte la rue Soufflot, puis pénètre seul dans le Panthéon. Il dépose une rose sur les tombes de Jean Moulin, Jean Jaurès et Victor Schoelcher.

UNE PÉRIODE CLÉ

Entre 1981 et 1995, des réformes importantes ont été menées, notamment sur le plan social et culturel. François Mitterrand a entrepris de grands travaux dans la capitale comme l'Opéra Bastille, la pyramide du Louvre ou la Grande Bibliothèque.
Mais les différents gouvernements n'ont pu enrayer la crise économique.

LE CONTEXTE : La crise économique

Depuis 1974, à la suite de la hausse brutale des prix du pétrole, la France est frappée par la crise économique. La croissance ralentit. Le chômage augmente. C'est la fin des Trente Glorieuses. De nombreux Français veulent un changement politique.

LES ÉVÉNEMENTS : Comment résoudre la crise ?

Le 10 mai 1981, les Français élisent un socialiste, François Mitterrand, qui devient le premier président de gauche de la Ve République. Un mois plus tard, la gauche gagne les élections législatives.

Le nouveau gouvernement lance des réformes importantes : l'abolition de la peine de mort, l'octroi d'une cinquième semaine de congés payés, l'abaissement de la semaine de travail à 39 heures, la retraite à 60 ans, la décentralisation, l'impôt sur les grandes fortunes, la nationalisation d'entreprises et de banques.

Pourtant, dans les années suivantes, les différents gouvernements de gauche qui se succèdent ne parviennent pas à arrêter la hausse du chômage et des prix. Le mécontentement gagne la société française à tel point qu'en 1986, c'est la droite qui remporte les élections législatives. Pour la première fois cohabitent un président et un Premier ministre de tendances politiques différentes. Le gouvernement de droite de Jacques Chirac revient sur certaines réformes de la gauche, notamment en privatisant à nouveau des entreprises publiques.

En 1988, François Mitterrand est réélu à la présidence de la République. Mais les problèmes demeurent. Chômage, scandales financiers, divisions politiques favorisent la montée d'un parti d'extrême droite, le Front national. En 1995, c'est un candidat de droite, Jacques Chirac, qui gagne l'élection présidentielle.

1981 — François Mitterrand élu président de la République.

1986 — PREMIÈRE COHABITATION.

1988 — Réélection de François Mitterrand.

1993 — SECONDE COHABITATION.

1995 — Jacques Chirac élu président de la République.

17 mai 1995

La présidence de Jacques Chirac

Cinquième président de la Vᵉ République, Jacques Chirac occupe une place incontournable dans le paysage politique français depuis plus de trente ans. À partir de 1997 s'ouvre pour lui une période difficile de cohabitation avec son Premier ministre Lionel Jospin.

UNE DATE CLÉ

En 2000, la population française a approuvé par référendum la réduction du mandat présidentiel à cinq ans. À l'élection présidentielle de 2002, Lionel Jospin est, contre toute attente, éliminé dès le premier tour et c'est Jean-Marie Le Pen, candidat de l'extrême droite, qui affronte Jacques Chirac pour le second tour. Un sursaut républicain assure la réélection du président sortant avec plus de 82 % des voix.

QUI EST-IL ?
Volonté et ambition

Brillamment élu député de Corrèze en 1967, plusieurs fois ministre sous la présidence de Georges Pompidou, Jacques Chirac est nommé Premier ministre de Giscard d'Estaing en 1974. En opposition profonde avec lui, il démissionne avec éclat deux ans plus tard, fonde le RPR en 1976 et devient le premier maire de Paris en 1977.

Victorieuse en 1986, la droite gaulliste impose son chef, Jacques Chirac, à la tête du gouvernement, mais celui-ci est battu à la présidentielle de 1988.

LES ÉVÉNEMENTS :
Un septennat terne

À l'élection présidentielle de 1995, la droite est une fois de plus divisée. Édouard Balladur, Premier ministre, et Jacques Chirac affrontent le candidat socialiste Lionel Jospin. Après une campagne s'adressant aussi bien aux jeunes qu'aux retraités et intégrant le thème de la « fracture sociale », Jacques Chirac passe le premier tour et réussit à se hisser en deuxième position derrière Jospin. Au second tour, il l'emporte avec 52,63 % des suffrages exprimés.

Jacques Chirac nomme Alain Juppé à la tête du gouvernement. Lorsque le nouveau Premier ministre tente de réformer la Sécurité sociale et les retraites, il se heurte à un gigantesque mouvement de grève dans les services publics. Le président décide de dissoudre l'Assemblée nationale en 1997 pour conforter sa majorité. La manœuvre échoue, et c'est Lionel Jospin qui se retrouve Premier ministre pour une nouvelle cohabitation jusqu'en 2002.

1974 Jacques Chirac, Premier ministre de Valéry Giscard d'Estaing.

1977 Jacques Chirac, premier maire de Paris.

1986 Jacques Chirac, Premier ministre de François Mitterrand.

1995 Jacques Chirac élu président de la République.

2002 Réélection de Jacques Chirac.

1er janvier 2002

Une nouvelle monnaie : l'euro

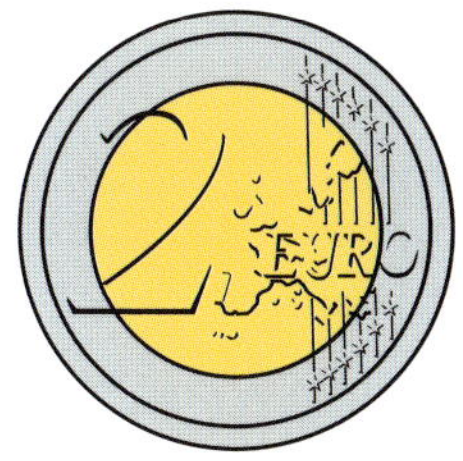

LE CONTEXTE : La construction européenne

Depuis 1957, la CEE (devenue en 1993 l'Union européenne) n'a cessé de s'étendre. Elle a intégré la Grande-Bretagne, le Danemark et l'Irlande en 1973, la Grèce en 1981, l'Espagne et le Portugal en 1986, la Suède, l'Autriche et la Finlande en 1995. Ses pouvoirs aussi ont été renforcés. Elle a mis en place une politique économique commune et fondé un statut juridique de citoyen européen.

UNE DATE CLÉ

Avec l'arrivée dans l'Union de dix nouveaux pays en 2004, qui appartenaient pour la plupart à l'ancien bloc communiste (la Hongrie, la Pologne, la République tchèque, la Slovénie, la Slovaquie, la Lituanie, la Lettonie, l'Estonie, Malte et Chypre), l'UE compte 460 millions d'habitants. C'est la deuxième puissance économique du monde, derrière les États-Unis !

L'ÉVÉNEMENT : Une monnaie unique

La disparition des régimes communistes en Europe de l'Est et la réunification de l'Allemagne donnent un nouveau souffle à la CEE. En vertu du traité de Maastricht, signé en 1992, les Français, comme tous ceux qui ont la nationalité d'un État membre, deviennent citoyens européens.

Les citoyens européens peuvent circuler, séjourner et travailler librement partout dans l'Union. S'ils résident dans un pays étranger faisant partie de l'UE, ils peuvent participer à certaines élections. Leurs droits sont garantis par la Charte des droits fondamentaux de l'Union européenne, signée en 2000.

Un nouveau pas est franchi en 1999 avec l'adoption d'une monnaie unique, l'euro, gérée par la Banque centrale européenne. Le 1er janvier 2002, l'euro remplace le franc, ainsi que les monnaies de onze autres pays de l'UE. Un projet de Constitution européenne est soumis aux différents États européens, mais le 29 mai 2005 les Français manifestent leur opposition à ce texte lors d'un référendum.

En effet, les Français critiquent la façon dont est menée la construction européenne. Ils s'inquiètent de voir le principe de souveraineté nationale remis en cause. Ils reprochent à l'UE de ne pas assez prendre en compte les problèmes sociaux nationaux, notamment le chômage.

Sur le verso des pièces en euro sont représentés les principaux symboles nationaux (l'aigle pour l'Allemagne, la harpe pour l'Irlande, l'arbre de vie pour la France) mais aussi les personnages célèbres (Mozart pour l'Autriche, Dante pour l'Italie, Europe et Zeus pour la Grèce) des différents États de l'Union européenne.

> > **www.euro-institut.org**

1989 Chute du mur de Berlin.

1992 Traité de Maastricht.

1995

2000

2002 L'euro, monnaie unique.

2004 Dix nouveaux pays entrent dans l'UE.

2005 La France refuse de ratifier le traité constitutionnel européen.

Rois de France et présidents de la République

Mérovingiens

Clovis Ier (481-511)

Après Clovis, le royaume des Francs n'est de nouveau unifié que durant des courtes périodes sous les règnes de :

Clotaire Ier (511-561)
Clotaire II (584-629)
Dagobert Ier (629-638)
Thierry III (675-690)

Le pouvoir réel est exercé de 687 à 714 par le maire du palais Pépin de Herstal, père de Charles Martel.

Clovis IV (691-695)
Childebert III (695-711)
Dagobert III (711-715)
Chilpéric II (715-721)
Thierry IV (721-737)

Le pouvoir réel est exercé de 717 à 741 par Charles Martel, maire du palais carolingien.

Le pouvoir réel est exercé de 741 à 743 par Carloman et Pépin le Bref, maires du palais carolingiens.

Childéric III (743-751)

Carolingiens

Pépin le Bref (751-768)
Charlemagne et Carloman Ier (768-771)
Charlemagne (771-814)
Louis Ier le Pieux (814-840)
Charles II le Chauve (843-877)
Louis II le Bègue (877-879)
Louis III et Carloman II (879-882)
Carloman II (882-884)
Charles III le Gros (884-887)
Eudes (888-898)

Élu roi, Eudes interrompt la dynastie carolingienne.

Charles III le Simple (898-923)
Raoul Ier (923-936)

Frère d'Eudes, Raoul Ier interrompt aussi la dynastie carolingienne.

Louis IV d'Outremer (936-954)
Lothaire (954-986)
Louis V le Fainéant (986-987)

Capétiens directs

Hugues Capet (987-996)
Robert II le Pieux (996-1031)
Henri Ier (1031-1060)
Philippe Ier (1060-1108)
Louis VI le Gros (1108-1137)
Louis VII le Jeune (1137-1180)
Philippe II Auguste (1180-1223)
Louis VIII le Lion (1223-1226)
Louis IX (Saint Louis) (1226-1270)
Philippe III le Hardi (1270-1285)
Philippe IV le Bel (1285-1314)
Louis X le Hutin (1314-1316)
Jean Ier le Posthume 5 jours en 1316
Philippe V le Long (1316-1322)
Charles IV le Bel (1322-1328)

Valois directs

Philippe VI de Valois (1328-1350)
Jean II le Bon (1350-1364)
Charles V le Sage (1364-1380)
Charles VI le Fou (1380-1422)
Charles VII le Victorieux (1422-1461)
Louis XI (1461-1483)
Charles VIII (1483-1498)

Valois - Orléans

Louis XII (le « Père du peuple ») (1498-1515)

Valois - Angoulême

François Ier (1515-1547)
Henri II (1547-1559)
François II (1559-1560)
Charles IX (1560-1574)
Henri III (1574-1589)

Bourbons

Henri IV	(1589-1610)
Louis XIII	(1610-1643)
Louis XIV	(1643-1715)
Louis XV	(1715-1774)
Louis XVI	(1774-1792)

Ire République

Convention	(1792-1795)
Directoire	(1795-1799)
Consulat	(1799-1804)

Premier Empire

Napoléon Ier	(1804-1814)

Restauration

Louis XVIII	(1814-1824)
Charles X	(1824-1830)

Monarchie de Juillet

Louis-Philippe Ier	(1830-1848)

IIe République

Louis Napoléon Bonaparte	(1848-1851)

Second Empire

Napoléon III	(1852-1870)

IIIe République

Adolphe Thiers	(1871-1873)
Patrice de Mac-Mahon	(1873-1879)
Jules Grévy	(1879-1887)
Sadi Carnot	(1887-1894)
Casimir Perier	(1894-1895)
Félix Faure	(1895-1899)
Émile Loubet	(1899-1906)
Armand Fallières	(1906-1913)
Raymond Poincaré	(1913-1920)
Paul Deschanel	(1920)
Alexandre Millerand	(1920-1924)
Gaston Doumergue	(1924-1931)
Paul Doumer	(1931-1932)
Albert Lebrun	(1932-1940)

État français

Philippe Pétain	(1940-1944)

IVe République

Vincent Auriol	(1947-1954)
René Coty	(1954-1959)

Ve République

Charles de Gaulle	(1959-1969)
Georges Pompidou	(1969-1974)
Valéry Giscard d'Estaing	(1974-1981)
François Mitterrand	(1981-1995)
Jacques Chirac	(1995-...)

Glossaire

A

Abdication : acte par lequel un souverain abandonne le pouvoir.

Absolutisme : régime dans lequel le souverain exerce la totalité du pouvoir, sans le partager avec un Parlement élu.

Alliés : groupe de pays en guerre contre un ennemi commun. Durant les deux guerres mondiales, ensemble des pays qui ont uni leurs forces contre l'Allemagne.

Amphithéâtre : construction de forme elliptique ou circulaire, avec des gradins pour les spectateurs, et dont le centre est une arène où se déroulaient, durant l'Antiquité romaine, les combats de gladiateurs.

Ancien Régime : époque où le pouvoir en France appartenait à un monarque de droit divin et où la société était divisée entre trois ordres bien différenciés.

Antisémitisme : forme de racisme marquée par le mépris et la haine pour les Juifs. L'antisémitisme était au centre de la doctrine nazie.

Armistice : accord mettant fin aux hostilités entre des pays en guerre. L'armistice ouvre d'habitude la voie à des négociations de paix.

Assemblée nationale : réunion de l'ensemble des députés.

B

Baby-boom : augmentation brusque du nombre des naissances dans les pays d'Europe, immédiatement après la Seconde Guerre mondiale.

Basilique : vaste édifice servant d'abord de tribunal et de bourse, puis d'église chrétienne.

Biens nationaux : terres et autres biens appartenant au clergé sous l'Ancien Régime et nationalisés par le gouvernement révolutionnaire, qui les mit en vente.

Bombe atomique : arme utilisant l'énergie nucléaire. Son explosion a un terrible pouvoir destructeur et cause de graves lésions à la population d'une vaste zone.

C

Cahiers de doléances : listes de plaintes et de revendications établies à la veille de la Révolution par les différentes catégories de la population.

Calife : au Moyen Âge, chef suprême de la communauté musulmane, considéré comme le successeur du prophète Mahomet, fondateur de l'islam.

Camp de concentration : espace clôturé et gardé où certains États détiennent sans jugement les personnes qui leur paraissent présenter un danger pour leur sécurité.

Capitulation : acte par lequel une armée cesse toute résistance et accepte les conditions que lui impose l'ennemi.

Cathare : adepte d'un mouvement de renouveau du christianisme qui s'est développé dans le sud-ouest de la France au XIIe siècle. Ce mouvement a été violemment combattu par l'Église officielle.

CEE : Communauté économique européenne. Elle s'est transformée, en 1993, en Union européenne.

Celtes : peuples d'une même civilisation répandus en Europe occidentale au Ier millénaire avant notre ère. Les Gaulois étaient des Celtes.

Chancelier : haut fonctionnaire chargé de rédiger les actes royaux et exerçant à certaines périodes les fonctions d'un Premier ministre.

Charte : acte du roi ou d'un seigneur fixant les droits et privilèges de leurs différents sujets.

Citoyen : habitant d'un État admis à participer à la vie politique, par exemple à voter pour élire ses représentants. Il s'oppose aux sujets d'un royaume gouverné par un monarque absolu.

Clercs, clergé : personnes qui exercent des fonctions sacrées au sein de l'Église.

Coalition : alliance militaire et politique conclue entre plusieurs États contre un adversaire commun.

Cohabitation : sous la Ve République, exercice des fonctions de président de la République et de Premier ministre par des hommes d'orientation politique différente.

Colonie : territoire d'Asie, d'Afrique, d'Océanie ou d'Amérique rattaché à une nation étrangère qui le gouverne, l'exploite et y installe ses citoyens.

Coloniser : un État colonise un territoire quand il y installe ses citoyens sans tenir compte de la population locale.

Commune : ville ou village administré par les représentants élus de ses habitants. La Commune de Paris de 1871 fut un gouvernement révolutionnaire mis en place dans la capitale.

Communisme : système politique dans lequel toute l'activité économique est concentrée entre les mains de l'État, et qui vise à l'instauration d'une société sans classes et sans propriété privée.

Concordat : traité signé entre un État et le pape, chef de l'Église catholique.

Constitution : loi fondamentale d'un État, qui définit le rôle et les pouvoirs des différentes institutions politiques.

Coup d'état : conquête du pouvoir par la force.

Cro-Magnon : nom tiré d'un site préhistorique de Dordogne. Venus d'Afrique, ces premiers hommes modernes (*Homo sapiens sapiens*) se sont installés en Europe, il y a 40 000 ans.

Croisades : campagnes militaires lancées par les chrétiens du XIe au XIIIe siècle pour reconquérir la Palestine sur les musulmans.

D

Dauphin : le Dauphiné fut rattaché au royaume en 1344 à la condition que les futurs rois de France porteraient tous le titre de dauphin.

Décolonisation : acte par lequel un pays cesse d'être la colonie d'un pays étranger pour retrouver son indépendance.

Démocratie : régime de souveraineté populaire, dans lequel les dirigeants sont désignés par les représentants élus des citoyens.

Déportation : envoi sans jugement de personnes dans un camp de concentration.

Dictature : régime où le pouvoir est exercé sans contrôle par un seul homme ou groupe et qui réprime violemment toute forme d'opposition.

Dolmen : du breton *dol*, table, et *men*, pierre. Gros bloc horizontal reposant sur des pierres dressées.

Dragons : corps de troupe créé en 1554 pour se déplacer à cheval mais combattre à pied. Actuellement, unité d'infanterie portée.

Dragonnades : expéditions militaires dirigées contre les protestants des Cévennes sous Louis XIV pour les contraindre à se convertir au catholicisme.

E

Édit : loi royale qui réglemente un aspect particulier de la vie publique. Le plus souvent, l'édit prend le nom de la ville où il a été promulgué.

Émigré : personne qui part s'installer dans un pays pour des raisons politiques ou économiques.

Empire : État, souvent assez grand, gouverné par un empereur. Les Empires sont aussi les périodes pendant lesquelles la France fut ainsi gouvernée. Les empires coloniaux étaient formés par l'ensemble des colonies d'un État.

États généraux : assemblée consultative des trois ordres (clergé, noblesse et tiers état) réunie par le roi lors des périodes critiques de l'histoire du pays.

Évêque : supérieur hiérarchique de tous les clercs d'une région appelée diocèse et qui, en France, correspond en gros à un département.

F

Fascisme : régime politique nationaliste et dictatorial progressivement instauré par Benito Mussolini en Italie entre 1922 et 1945.

Féodalité : au Moyen Âge, mode d'organisation dans lequel la société est divisée en plusieurs ordres et la terre répartie entre des seigneurs (nobles) héréditaires. Le mot féodalité vient du mot *fief*, la terre donnée au vassal.

Forum : place publique, à la fois commerciale et politique, d'une ville romaine.

Fronde : mouvement de révolte des seigneurs contre le pouvoir centralisé du roi, incarné par Mazarin, au milieu du XVIIe siècle.

G

Garde nationale : milice de citoyens, créée en 1789 pour défendre la Révolution.

Gestapo : abréviation de *Geheime Staatspolizei*, police secrète de l'Allemagne nazie.

Girondins : pendant la Révolution française, députés modérés, souvent originaires du département de la Gironde.

Guerre civile : conflit armé entre plusieurs mouvements politiques ou régions d'un même pays.

H

Hérésie : opinion religieuse combattue par l'Église officielle.

Huguenot : en France, surnom donné par les catholiques aux protestants du XVIe au XVIIIe siècle.

Humanistes : penseurs des XVe et XVIe siècles, inspirés par l'Antiquité, et qui s'intéressaient aux sciences, aux techniques et à l'éducation. Ils remettaient en question l'autorité de l'Église dans la société.

I

Imprimerie : technique inventée d'abord par les Chinois pour faciliter la reproduction des textes. Vers 1450, Gutenberg la perfectionna en imaginant les caractères métalliques mobiles.

Inquisition : institution de l'Église catholique chargée de poursuivre et de punir les hérétiques. Elle fonctionna du XIIIe au XVIe siècle.

Islam : religion monothéiste fondée par le prophète arabe Mohammed (ou Mahomet) au VIIe siècle.

J

Judaïsme : religion des Hébreux, puis des Juifs.

Juif : personne appartenant au peuple juif, à la communauté israélite.

L

Laïc : croyant qui n'appartient pas au clergé.

Laïcité : principe qui établit la séparation entre les Églises et l'État.

Ligue : organisation politique souvent d'extrême droite contestant violemment la république parlementaire.

M

Maire du palais : chef de l'administration des rois mérovingiens.

Maquis : zone difficilement accessible où se cachaient les résistants sous l'occupation allemande au cours de la Seconde Guerre mondiale.

Martyr : chrétien qui a préféré subir des tortures et la mort, plutôt que de renier sa foi.

Menhir : terme formé de deux mots bretons signifiant « pierre dressée ». Leur taille est variable, la plupart mesurent entre 2 et 5 mètres de hauteur.

Milices : soldats non professionnels levés pour renforcer l'armée régulière. Pendant la Seconde Guerre mondiale, le gouvernement de Vichy appela Milice une organisation armée destinée à lutter contre les résistants.

Monarchie : forme de gouvernement dans laquelle le pouvoir est exercé ou symbolisé par un roi héréditaire.

Montagnards : députés les plus radicaux qui, pendant la Révolution française, siégeaient sur les bancs les plus élevés de l'Assemblée.

Moyen Âge : période historique qui va de la chute de l'Empire romain d'Occident (Ve siècle) à la Renaissance (XVe siècle).

N

Nationaliser : transférer à l'État la propriété et la gestion d'entreprises.

Nationalisme : théorie politique faisant passer le prestige national avant les préoccupations sociales. Le nationalisme inspire en général des mouvements de droite ou d'extrême droite.

Nazisme : système politique totalitaire, nationaliste, raciste et antisémite, progressivement instauré par Adolf Hitler en Allemagne entre 1933 et 1945.

Néolithique : période préhistorique qui s'étend de 10 000 av. J.-C. jusqu'à l'invention de l'écriture en 3 500 av. J.-C. Elle est caractérisée par l'apparition de l'agriculture, la domestication des animaux et la fondation des premiers villages.

Noblesse : classe héréditaire des seigneurs qui, avec le roi à leur tête, détenaient la totalité des pouvoirs politiques et économiques sous la féodalité.

O

OAS (Organisation de l'armée secrète) : formation armée illégale d'extrême droite qui lutta pour le maintien à tout prix de la présence française en Algérie en 1962.

Occupation : présence de troupes ennemies sur le territoire d'un pays. C'est ainsi que les Allemands occupèrent d'abord le Nord, puis la totalité de la France pendant la Seconde Guerre mondiale.

ONU (Organisation des Nations unies) : organisation internationale, créée après la Seconde Guerre mondiale, qui s'efforce de prévenir et résoudre pacifiquement les conflits, et de promouvoir l'entraide entre les pays.

2 1962 2002 1356 1302 1163 1270 1968 1793 1942 1572 2002 1429 1945 1981 29 1302 1958 1934 1209 1257 1968 1659 1954 1610 1659 1944 1945 2002 1871 1870 1969 1954 1532 1763

Ordonnance : décision gouvernementale.

Ordre : catégorie sociale dans la France de l'Ancien Régime. Il y avait trois ordres : ceux qui prient (le clergé), ceux qui combattent (la noblesse) et ceux qui travaillent (le tiers état).

OTAN (Organisation du traité de l'Atlantique Nord) : alliance des pays d'Amérique du Nord et d'Europe occidentale, créée en 1949 pour faire face à la menace communiste.

P

Paléolithique : période la plus ancienne de la préhistoire.

Pape : évêque de Rome et successeur de l'apôtre Pierre, il est le chef de l'Église catholique romaine.

Parlement : sous l'Ancien Régime, cour de justice. Ce mot désigne depuis 1789 la ou les assemblées chargées de voter les lois.

Plébiscite : consultation électorale du peuple destinée à confirmer ou non le pouvoir en place.

Préfet : représentant du gouvernement dans les départements.

Président du Conseil : nom donné au Premier ministre (chef du gouvernement) sous la IIIe et la IVe République.

Privatiser : transférer au secteur privé une entreprise publique. C'est la procédure inverse de la nationalisation.

Privilège : droit ou avantage exclusif accordé à une partie de la population d'un État.

Protestantisme : mouvement de réforme du christianisme engagé au XVIe siècle.

R

Rationnement : limitation des quantités de produits qu'une même personne peut acheter. Le rationnement a été imposé en France pendant la Seconde Guerre mondiale.

Référendum : question posée par le pouvoir politique et à laquelle les électeurs répondent par « oui » ou par « non ».

Réforme : une réforme est la transformation d'un régime sans rupture brutale avec le passé. La Réforme est un mouvement religieux qui, au cours du XVIe siècle, s'oppose au catholicisme et donne naissance au protestantisme.

Régent : personne qui exerce le pouvoir royal durant la minorité d'un roi.

Renaissance : mouvement culturel et artistique né en Italie au XIVe siècle et qui s'est épanoui en Europe au cours du XVIe siècle. Il est caractérisé par un renouvellement des lettres, des arts, des techniques et des sciences.

République : de l'expression latine *res publica*, la chose publique. Système de gouvernement dans lequel le pouvoir politique est détenu par la collectivité et non par une seule personne.

Révolution : renversement brutal du régime établi.

Révolution industrielle : développement rapide des fabrications industrielles à partir du XVIIIe siècle.

S

Sacre : cérémonie religieuse par laquelle le roi est consacré représentant de Dieu sur terre.

Seigneurie : ensemble des terres et des populations où s'exerce l'autorité d'un seigneur.

Sénat : une des deux chambres qui constituent le Parlement d'un pays.

Septennat : période de sept ans. Durée des pouvoirs du président de la République en France jusqu'en 2000.

Souveraineté nationale : principe qui voit dans l'ensemble du peuple la source de tout pouvoir.

Suffrage universel : mode d'élection dans lequel tous les citoyens majeurs possèdent le droit de vote sans distinction de classe, de fortune ou de sexe.

Syndicalisme : activité des associations créées par les travailleurs pour défendre leurs droits et revendications.

T

Templiers : ordre religieux militaire du Moyen Âge, fondé au XIIe siècle.

Temps modernes : période historique allant du XVIe à la fin du XVIIIe siècle.

Terre sainte : Palestine, pays où naquirent le judaïsme et le christianisme.

Tiers état : le troisième des ordres du royaume. Il rassemblait tous les sujets qui n'appartenaient ni au clergé ni à la noblesse.

Traité : accord écrit passé entre deux ou plusieurs États.

V

Viêt-minh : formation politique vietnamienne à la fois communiste et nationaliste née en 1941.

Viking : commerçant et pirate scandinave.

Informations utiles

Quelques pistes de lecture

Documentaires

Agulhon M., *La République, 1880-1995 : de Jules Ferry à François Mitterrand*, Hachette, 1997.

Auger A. et Casali D., *Charlemagne et son temps*, Mango Jeunesse, 2001.

Auger A. et Casali D., *Le Moyen Âge*, Mango Jeunesse, 2001.

Berstein S. et Milza P., *Histoire de la France au XX*e *siècle*, volumes 1 à 4, Complexe, 1999.

Casali D. (dir.), *Napoléon Bonaparte*, Larousse, 2004.

Decaux A., *Alain Decaux raconte l'histoire de France aux enfants*, Perrin, 2002.

Delort R., *La Vie au Moyen Âge*, Points Seuil, 1982.

Delumeau J., *La Civilisation de la Renaissance*, Arthaud, 1984.

Duby G. (dir.), *Histoire de la France, des origines à nos jours*, Larousse, 2003.

Durand J.-B., *La Chronologie des rois de France*, Castor Doc Éditions Flammarion, 2003.

Durand J.-B., *Chronologie de la France, de Napoléon à nos jours*, Castor Doc Éditions Flammarion, 2005.

Furet F., *La Révolution, 1774-1884 : de Turgot à Jules Ferry*, Hachette, 1988.

Gaussen D., *Louis XIV et Versailles*, Mango Jeunesse, 2003.

Goubert P., *Initiation à l'histoire de France*, Fayard, 1994.

Grimal P., *L'Empire romain*, LGF, 1993.

Le Goff J., *Saint Louis*, Gallimard, 1996.

Marseille J. (dir.), *Journal de la France de 1900 à nos jours*, Larousse, 2003.

Tulard J., *Histoire de France*, tome 4 « Les Révolutions : 1789-1851 », LGF, 1993.

Tulard J., *Napoléon ou le mythe du sauveur*, Hachette, 2002.

Romans

Coppin B., *Aliénor d'Aquitaine, une reine à l'aventure*, Castor Poche Éditions Flammarion, 1998.

Féret-Fleury C., *Chaân*, 3 tomes, Éditions Flammarion, 2004.

Féret-Fleury C., *La Tour du silence*, Castor Poche Éditions Flammarion, 2003.

Orlev U., *Cours sans te retourner*, Castor Poche Éditions Flammarion, 2003.

Solet B., *La révolte des camisards*, Castor Poche Éditions Flammarion, 2001.

Sylvestre A.-S., *La sentinelle de l'empereur*, Castor Poche Éditions Flammarion, 2005.

Sylvestre A.-S., *Mon ami Louis*, Castor Poche Éditions Flammarion, 2002.

92 1962 2002 1356 1302 1163 1270 1610 1968 1793 1942 1572 2002 1429 1934 1975 1945 1981 1954 1610 1659 29 1302 1958 1945 1209 1257 1968 1659 1944 1226 2002 1871 1670 1962 1870 1940 1969 1954 1532 1763 1152

Voici quelques sites, monuments et lieux de mémoire, comme autant d'occasions de revivre l'Histoire de France, depuis la préhistoire jusqu'à nos jours…

Lascaux (Dordogne)

Découvertes par quatre adolescents en 1940, la grotte ornée de Lascaux et ses peintures préhistoriques ne sont plus accessibles au public depuis 1963. Les visiteurs peuvent cependant admirer une copie grandeur nature de certains secteurs de la grotte : Lascaux II.

Tumulus de Gavrinis (Morbihan)

L'île de Gavrinis, dans le golfe du Morbihan, abrite un immense tumulus datant d'environ 6000 av. J.-C. Un long couloir aux parois décorées conduit à une chambre funéraire très bien conservée.

L'oppidum de Bibracte (Saône-et-Loire)

Située sur le mont Beuvray, cette cité gauloise fortifiée était la capitale du peuple éduen. Elle pouvait accueillir, aux IIe et Ier siècles av. J.-C., plus de 10 000 habitants. C'est là que Vercingétorix fut proclamé chef de la coalition gauloise, en 52 av. J.-C.

Nîmes (Gard)

L'ancienne Nemausus conserve de très nombreux vestiges gallo-romains, notamment son amphithéâtre (les fameuses « Arènes »), datant du Ier siècle apr. J.-C. et qui pouvait accueillir 24 000 spectateurs !

Château-Gaillard (Eure)

« Qu'elle est belle, ma fille d'un an ! » Ainsi Richard Cœur de Lion, roi d'Angleterre, présentait « Château-Gaillard », cette forteresse construite entre 1197 et 1198, et perchée sur une falaise, le long de la Seine en Normandie, à la frontière avec le royaume de France. En 1204, Philippe Auguste s'en empare et rattache toute la Normandie à la France.

Sainte-Foy de Conques (Aveyron)

Construite au milieu du XIe siècle, l'église romane Sainte-Foy de Conques est située sur l'une des routes du pèlerinage de Saint-Jacques-de-Compostelle. Elle abrite un trésor inestimable notamment une statue dorée et incrustée de pierres précieuses contenant les reliques de sainte Foy, une martyre chrétienne.

Saint-Sernin de Toulouse (Haute-Garonne)

Fondée entre le XIe et le XIIIe siècle, Saint-Sernin est la plus vaste des basiliques romanes du Midi !

Le Mont-Saint-Michel (Manche)

Îlot relié au continent par une digue, le Mont-Saint-Michel est situé en Normandie, à la frontière avec la Bretagne. Cette « merveille de l'Occident » est à la fois un chef-d'œuvre du roman et du gothique.

Notre-Dame d'Amiens (Somme)

Bâtie entre 1220 et 1269, Notre-Dame d'Amiens est la plus vaste cathédrale gothique de France !

Chenonceau (Indre-et-Loire)

Édifié de 1513 à 1521 sur un pont enjambant le Cher, le château de Chenonceau fut occupé par le receveur général des Finances de François Ier, Thomas Bohier, puis par Diane de Poitiers qui fit réaliser les jardins, et par Catherine de Médicis.

Le Louvre (Paris)

Fondé en 1190 par Philippe Auguste, le Louvre fut d'abord une forteresse et un arsenal avant de devenir au fil des siècles une résidence royale, puis l'un des plus célèbres musées du monde !

Le château de Versailles (Yvelines)

Avec son palais conçu par les architectes Le Vau et Mansart, sa galerie des Glaces peinte par Charles Le Brun et ses jardins dessinés par Le Nôtre, Versailles devient, par la seule volonté de Louis XIV, le centre du royaume de France et la « cage dorée des princes ».

L'arc de triomphe de l'Étoile (Paris)

Fasciné par la puissance de Rome, Napoléon décide en 1806 de construire un arc de triomphe sur la colline de l'Étoile, à Paris. Cet imposant monument de 50 mètres de haut et de 45 mètres de large ne sera achevé qu'en 1836 !

Le viaduc de Garabit (Cantal)

Ce pont métallique a été édifié par Gustave Eiffel entre 1882 et 1884 sur la Truyère, en Auvergne.

Oradour-sur-Glane (Haute-Vienne)

Les ruines de ce village limousin rappellent l'un des épisodes les plus effroyables de la Seconde Guerre mondiale. Le 10 juin 1944, 642 habitants d'Oradour-sur-Glane, dont 207 enfants, furent massacrés par la division SS *Das Reich*.

La Grande Arche de la Défense (Hauts-de-Seine)

Cette immense arche, œuvre de l'architecte danois Otto von Spreckelsen puis de Paul Andreu, a été inaugurée en 1989 par le président de la République François Mitterrand. Par ses dimensions (plus de 100 mètres de côté) et ses panneaux en marbre de Carrare, c'est l'un des monuments les plus impressionnants de la deuxième moitié du XXe siècle !

Index

D

E

F

G

H

I

J

R

S

T

U

V

W

Z

Les auteurs et les illustrateurs

Les auteurs

Ils ont écrit ensemble de nombreux ouvrages d'histoire pour le grand public et la jeunesse.

Antoine Auger

Il est agrégé d'histoire et directeur de collection chez Vuibert.

Dimitri Casali

Il est enseignant, compositeur, passionné d'histoire et de musique. Il a collaboré avec la presse écrite, la télévision et a travaillé pour des festivals.

Les illustrateurs

Raphaël Gauthey

Il est né à Paris et vit à Lyon. Il a travaillé comme infographiste pour des jeux vidéo et se consacre désormais à l'illustration et à l'animation.
Les illustrations de Raphaël Gauthey sont en pages 4, 14, 17, 26, 29, 35, 45, 47, 51, 57, 59, 76, 84, 95, en couverture et en 4e de couverture.

Olivier Nadel

Il enseigne l'illustration aux Arts-Décoratifs de Strasbourg et vit en région parisienne.
Les illustrations d'Olivier Nadel sont en pages 13, 19, 22, 24, 25, 28, 31, 36, 48, 49, 54, 62, 78, 88, 91, 92, 97, 101, en couverture et en 4e de couverture.

92 1962 2002 1356 1302 1163 1270 1945 1968 1793 1981 1942 1572 1610 2002 1429 1944
429 1302 1958 1532 1934 1209 1659 1954 1659 1954
1870

Crédits photographiques

AKG-images 18, 20, 33, 50, 53, 63, 64, 65, 68, 81, 102, 107 et couverture /VISIOARS 37 /Jérôme da Cunha 41 /Erich Lessing 61, 72, 80 /ullstein bild 96 /Paul Almasy 106.

BNF, Paris 32, 34, 39.

The Bridgeman Art Library 10, 16, 69, 74, 83 et couverture.

Corbis /Archivo iconogràfico S.A. 23 /Bill Ross 30 /Charles E. Rotkin 46 /Sygma/William Karel 109 /Sygma/Julien Hekimian 110.

RMN /Gérard Blot 42, 60 /Daniel Arnaudet/Jean Schormans 43 /René-Gabriel Ojéda 52

Roget-Viollet 12, 21, 38, 40, 44, 56, 58, 66, 67, 70, 71, 75, 77, 79, 82, 86, 87, 89, 90, 94, 105, couverture et 4e de couverture /Boyer 85, 99 /Harlingue 93, 100 /LAPI 98 /J. Cuinières 108.

TOP-RAPHO /Michel Desjardins 103.

Ville de Bayeux 27.

Les cartes des pages 15, 55, 73, 104 et 111 ont été réalisées par Lorette Mayon.

1918 1905
1360 1942 1453 1830 1958 1270 1491 1610 1559
1534 1885 1811 1805 1380 1962 1534
1918 1958 1302 1598 1940 1468 1534 1881
1894 1934 1429 1715 1931
1895 1257 1880 1337
1848 1532 1871 1648 1348 1643 1931 1661
1889 1889
1962 1539 1851 1969
1895 1957 1881 1539 1429 1957
1931 1870
1815 1871 1881 1610 1863 1885 1356 1429 1670
1453 1805
1851 1805 1975 1302 1793 1519 1954
1360